다산의 생애와 사상

다산의 생애와 사상

4

이을호 지음 · 다산학연구원 편

간행사

    선생이 1998년 88세를 일기로 서세하신 후, 2000년 11월 <이을호 전서> 9책 24권이 출판되었고, 2010년 탄생 100주년을 기념하여 『현암 이을호 연구』가 간행되었다. 그리고 10여 년 사이에 몇 가지 학계의 여망을 수렴해야 할 필요성이 대두되었다. 초간본에서 빠트린 글들을 보완해야 할 필요성이 제기되었고, 현대의 독자들을 감안해서 원문 인용문 등도 쉽게 풀이하는 것이 좋겠다는 요청이 있었다. 그 가운데 가장 중요한 것은 선생의 저술들이 가지는 학술적 가치를 고려할 때 몇몇 주요 저술들을 단행본으로 손쉽게 접할 수 있도록 보완해달라는 것이었다. 이로 인해 <이을호 전서>를 <현암 이을호 전서>로 개명하고, 9책 24권 체제를 각권 27책 체제로 확대 개편하는 수정 증보판을 내놓게 되었다.

    일반적으로 선생을 가리켜 다산학 연구의 개척자라 하기도 하고, 현대 한국학의 태두라 하기도 하지만, 이는 그 일면을 지적하는 것일 뿐, 그 깊이와 내용을 올바로 판단한 것은 아니다. 선생의 학술적 탐구가 갖는 다양한 면모와 깊이는 전체적으로 고찰하기가 어렵기 때문이다.

선생의 학문 여정을 돌아볼 때 고보 시절에 이제마(李濟馬, 1838~1900)의 문인으로부터 『동의수세보원』을 익힘으로써, 인간의 근원에 대한 이해, 곧 그때까지 유행하고 있었던 주자의 성리설(性理說)로부터 고경(古經)의 성명론(性命論)으로 전환하는 계기가 되었다. 또한 경성약전을 졸업하고 중앙의 일간지에 「종합의학 수립의 전제」 등 여러 논설을 게재하고『동양의학 논문집』등의 창간을 주도하면서 '동서양 의학의 융합'을 주장하였던 것은 일제하에 허덕이고 있었던 민생을 구하고자 하였던 구세의식의 발로(發露)였다.

27세 때, 민족자강운동을 펴다가 일경에게 체포되어 영어의 몸으로서『여유당전서』를 탐구하였던 것은 다산이 멸망하는 조선조의 운명을, 새로운 이념으로 광정(匡正)하고자 하였던 그 지혜를 배워서, 선생이 당면하였던 그 시대를 구하고자 한 것이었다. 광복과 함께 학교를 열었던 것은 평소에 꿈꾸었던 국가의 부흥을 교육입국을 통하여 현실에 실현시키고자 함이었다.

학술적으로 첫 업적이라고 할 수 있는 국역『수은(睡隱) 간양록(看羊錄)』은 우리의 자존심으로서, 일제에 대응하고자 하였던 존엄의식의 발로였다. 마침내 다산의 경학연구로 학문적 토대를 쌓아, 육경사서(六經四書)에 대한 논문과 번역 등『다산경학사상연구』를 비롯한 많은 저술을 남긴 것은 조선조 500년을 지배한 주자학의 굴레로부터, 학문적 자주성과 개방성으로서 새로운 시대의 올바른 문화를 열고자 하는 열망을 학술적 차원에서 이룬 것이었다.

선생의 학문은 난국의 시대에 국가의 앞날을 우려하여, 우리의 의

식으로서 새로운 사상적 전환을 이룩하고, 한국학의 독자성을 밝혀, 현대문화의 새로운 방향을 제시한 것이라 할 수 있다. 선생의 학문은 깊고 원대한 이상에서 성장해 결실을 맺은 것임을 알 수 있으니, 그 학문세계를 쉽게 말할 수 없다는 소이가 바로 여기에 있다.

선생이 가신 지 어언 15년의 세월이 흘렀음에도 선생의 저술에 대한 기대가 학계에 여전한 것은 오롯이 선생의 가르침과 학술로 거둔 성과다. 문인으로서 한결같이 바라는 것은 선생의 학술이 그 빛을 더하고 남기신 글들이 더욱 널리 퍼지는 것이다. 이 새로운 전집의 간행을 계기로, 선생의 학문이 더욱 널리 알려지고, 그 자체의 독자성이 심도 있게 탐구되어 대한민국의 학술사에서 선생의 위상이 새롭게 정립된다면, 이것이야말로 이 전서의 상재(上梓)에 참여한 문인들의 둘도 없는 소망이다.

2013년 납월(臘月)
문인 오종일 삼가 씀

일러두기

○ 이 책은 1979년 <박영문고> 210호로 간행된 것이다. 그 후
2000년에 발행된 <이을호 전서> 2권에 수록하였던 것을 독
립시켜 간행하였다.

○ 저자는 이 책의 인용문과 인명 등을 모두 원문과 한자로 표기
하였으나, 교열 과정에서 한글로 바꾸고, 한문은 괄호로 처리
하였으며, 어려운 구절들 또한 모두 풀어서 썼다.

○ 한시(漢詩) 등의 원제목 또한 한글로 바꾸었으며, 시의 내용들
도 국역하였고, 원문은 괄호에 넣어 참고하도록 하였다.

○ 이 책에 인용한 원문의 번역 및 교열자는 장복동이다.

현암 이을호 전서

다산의 생애와 사상
목 차

제6장 사회사상

서설

　다산 정약용(1762~1836)을 일러 조선 실학의 집대성자라 이르는 소이는 그의 학의 다면적인 다양성에 있다고 할 수 있다. 그것은 주사위가 땅에 떨어진 후 얻어지는 일면이 아니라, 육면각 주사위 그 자체로서 이해되는 집대성인 것이다.

　이를 좀 더 구체적으로 말한다면 흔히 조선 실학의 성격을 경세치용(經世致用)·이용후생(利用厚生)·실사구시(實事求是) 등 어느 하나의 개념으로 설명하려 하지만 그것은 모두가 주사위의 일면성으로 간주될 따름이란 점에서 육면각을 이룬 주사위로서의 다산학(茶山學)의 전모를 설명하기에는 부족하다는 것이다. 그야 다산학 자체는 그러한 일면들을 고루 갖추고 있기는 하지만 다산학은 그러한 것들의 총체적 이해가 바람직함을 의미한다.

　우리는 여기서 실학개념 전반에 걸쳐서 논의할 겨를이 없거니와 어쨌든 다산학은 실학개념의 그 어느 한 단어만으로는 미흡하기 때문에 이를 집대성하였다고 이르는 것만은 분명하다.

그렇다면 그의 집대성의 내실을 어떻게 분석해야 할 것인가.

어쨌든 다산학에는 경세(經世)·후생(厚生)·실사(實事) 등 외에 또 다른 학문적 요인이 내포되어 있지는 않을까 하는 점도 궁금한 일면이 아닐 수 없다.

일차적으로 다산을 반계(磻溪)·성호(星湖) 등 경세학파의 계열로 지목하는 견해는 타당하다고 보아야 할 것이다. 왜냐하면 다산 자신이 이미 성호에 의하여 새로운 세계를 보는 눈이 트이게 되었음을 자술한 바[「자찬묘지명(自撰墓誌銘)」] 있을 뿐만이 아니라 그의 일표이서[一表二書, 『경세유표(經世遺表)』·『목민심서(牧民心書)』·『흠흠신서(欽欽新書)』]는 그의 두 선배의 서통을 잇기에 충분한 저술이 되기 때문이다.

그는 또 일방 소위 북학파라 지목되는 박초정(朴楚亭)·박연암(朴燕巖) 등이 창도하는 이용후생학파와는 뗄 수 없는 깊은 관련이 있음을 시인해야 할 것이다. 그는 비록 북학파들의 대부분이 외유했듯이 연경에 다녀온 경험은 없다 하더라도 그의 전정론(田政論) 등에서 보여주는 중농정책은 이용후생의 절실한 식견의 소이연이 아닐 수 없기 때문이다.

또한, 그는 유시시구(唯是是求)하는 실증적 실사구시를 존중하는 면에 있어서도 그의 학문의 전반에 긍(亘)하여 뚜렷함을 본다. 특히 그의 경학은 옛날 한대(漢代)의 훈고학적(訓詁學的) 실사구시로부터도 한층 더 넘어선바 과학적 실증의 존중이라는 면에서 새로운 일각을 개척하고 있음을 볼 수 있다.

이렇듯 경세·후생·실사의 삼면을 골고루 갖추고 있는 다산학은 그것만으로 설명이 끝날 수는 없다. 그의 학의 이해는 보다 더 세분

하여 이를 또 다른 측면에서 살펴보되 그것은 아마도 현대적 학술용어로 설명하는 것이 이해도를 보다 더 높이는 데 편리할는지 모른다. 다시 말하면 철학·윤리·종교·정치·경제·과학·문학·언어·의학·천문·역사·지리·음악·서화 등등의 용례를 의미한다. 다산은 이상의 모든 용어의 부문에 있어서도 마치 그들의 전문가와도 겨룸 직한 수준을 보여주고 있다. 그러한 의미에 있어서는 다산학은 어쩌면 백과사전적이라 해야 할는지 모른다.

그러므로 다산학은 크게 삼 부문으로 나누어보는 것이 좋을 것이다. 그것은 경세학(經世學)·경학(經學) 그리고 기타 잡학(雜學) 등 셋으로 분류해 본다. 경세학에는 정치·경제·법률을 주로 하되 역사·지리·과학 등도 이에 포함하며, 경학에서는 철학·종교·윤리 등이 다루어지고, 기타 잡학에서는 문학·언어·의학·음악·서예 등이 한데 묶여져야 할는지 모른다. 이러한 것들이 한데 뭉쳐졌다는 의미에서도 다산학은 학의 집대성자라 일러 무방할 것이다.

그러나 다산학은 여기서 마치 만학(萬學)의 총체인 양 이해되기는 하지만 그렇다면 다산학에서는 일관된 하나의 체계를 찾아볼 수 없는 것일까. 만일 그것이 없다면 집대성으로서의 다산학은 한낱 잡학에 지나지 않을 것이다. 그러한 의미에서 우리는 다산 자신이 그의 저술[육경사서(六經四書)와 일표이서(一表二書)]은 온통 수기(修己)와 치국평천하[治國平天下, 치인(治人)]를 위한 것임을 자술한 「자찬묘지명」) 바 있듯이 그의 학은 수기치인(修己治人)의 학으로써 체계를 이루고 있음을 주목해야 할 것이다.

수기치인의 학으로서의 다산학의 이해는 극히 중요한 의미를 갖는다. 왜냐하면 그것은 한낱 후기 실학으로서만의 다산학이라기보다는 원시적 혹은 본래적인 유학으로서의 다산학으로 이해되어야 하기 때문이다.

그러한 의미에서 후기 실학을 소위 신유학으로서의 송학(宋學)—정주학(程朱學)—과의 대조적 의미에서 이를 개신유학(改新儒學)이라 이르는 견해도 있다. 이는 후기 실학의 근원적인 원리를 넓은 의미의—그것은 원시유학(原始儒學)까지를 포함한—유학의 범주 안에서 이해하려는 입장이기도 한 것이다.

그러므로 다산학은 경세·후생·실사 등으로 구분하여 이해하던 방법을 지양하여 차라리 이를 수기·치인의 두 부분에 더하여 기타의 세 부문으로 나누어서 이해함으로써 비로소 다산학 이해의 지름길이 될는지 모른다. 정치·종교·윤리 등은 수기지학(修己之學)으로서 다루고, 정치·경제·법률·과학 등은 치인지학(治人之學)으로 다루되, 시문·역사·지리 등은 기타로서 처리한다면 대강 다산학의 전모는 밝혀지지 않은가 여겨진다.

그러나 다산학에 대한 이러한 작업은 결코 손쉽게 그리고 간단하게 해 낼 수 있는 것이 아니다. 그러므로 여기서 시도하고자 하는 것은 겨우 거기에 이르는 지름길로서의 입문의 구실을 함에 그침으로써 자위하고자 할 따름이다.

제1장

시대와 생애

1. 정치·경제 및 학문적 배경

　다산 정약용은 영종 38년(1762) 6월 16일 광주 마재에서 낳고 헌종 2년(1836) 2월 22일 향리에서 임종하니 수는 75세이었다. 그는 18세기 후반에서 19세기 전반에 걸쳐 살았으니 그의 생애에 있어서 분수령이었던 1801년에 정(正)·순(純) 양조(兩朝)의 교체와 더불어 일어났던 신유교옥(辛酉敎獄) 사건은 그의 나이 40세 때의 일이다.

　그가 처했던 이 시기는 소위 영정(英正)시대로서 문예부흥기(1725~1800)라 불리는 신학풍이 고비를 이루던 때인 만큼 정치·경제·사회·문화 등의 측면에서 많은 변화를 가져온 시대이었다.

　첫째, 정치적으로는 영조의 탕평책(蕩平策)에 의하여 숙종조(1675~1720) 이래 노론에 의하여 막히었던 남인의 길이 다소 트이었으니, 다산의 선인 재원(載遠)이 진주목사가 되고 다산 자신과 그의 주변 인물들이 정조에게 기용된 것도 이러한 새로운 정치풍토에 의한 것이라 해야 할 것이다. 그러나 정치적 새로운 정쟁의 불씨는 또 다른 데에서도 얼마든지 있는 것이다. 그것이 다름 아닌 정조조

때의 시(時)·벽(僻) 양파의 형성이라 이를 수 있으며, 때아닌 천주교 신앙문제의 대두인 것이다.

○ 영조 38년(1762)에 장헌세자(莊獻世子)—사도세자(思悼世子)가 폐위되고 서인이 된 후 뒤주 속에서 아사(餓死)한 소위 임오사건(壬午事件)이 있자 세자를 동정하는 파와 세자를 더욱 공격하는 두 파가 생겼으니, 전자를 시파(時派)라 하고, 후자를 벽파(僻派)라 하였다. 전자는 대부분 남인계통이었고, 후자는 주로 노론이었다. 영조가 돌아간 후 세자의 아들인 정조가 직위하자 자연 정조는 시파를 가까이하고 벽파를 멀리하였으니 이때에 남인의 기용은 그러한 정치적 배경의 소치가 아닐 수 없다. 그러나 정조가 죽고 순조가 즉위하자 영조의 계비(繼妃)인 김씨[(벽파계)]가 섭정하게 되니 정치적 판국은 또다시 일변하였다. 신유년(1801) 천주교 박해 사건도 그의 신교자 대부분이 남인시파계통이었다는 연유에서 일어났던 것이다. 그러므로 다산일가를 포함한 대다수의 소위 실학파 계열의 인물들이 천주교 옥사에 연좌되어 몰락된 것은 신교의 문제보다도 그들의 정치적 사색당쟁(四色黨爭)의 또 다른 형태의 희생이라 하지 않을 수 없다.

그러나 정조 시대(1777~1800)는 비록 20년 정도의 짧은 기간이라 하더라도 그의 시파남인의 비호는 새로운 학풍의 진작에 크게 기여하였음을 우리는 간과해서는 안 될 것이다.

다른 사람들은 그만두고라도 다산에 대한 정조의 총애는 지극하였기 때문에 많은 일화들을 남겼다. "주우(主遇)는 화태(禍胎)"[정인보(鄭寅普), 『담원국학산고(薝園國學散稿)』, 74쪽]라 이르기도 하지만

우리는 다산의 자술(「자찬묘지명」)을 통하여 당시의 정황을 짐작할
수가 있다.

○ 22세 때 경의진사가 된 직후인 다음 해에 '어제중용조문팔십
여조(御製中庸條問八十餘條)'에 대한 소론이 율곡의 설과 일치함으로
써 정조의 눈에 들어 임금이 보시고 자주 칭찬하신 영광을 얻게 되
는 첫걸음이 되었다(「묘지명」, 3쪽). 이후 정조는 다산을 그의 측근
에 두어 규장각 도서의 열람이 자유로웠을 뿐만이 아니라 천주교의
파란을 겪는 사이에도 일시 외직을 맡은 일이 있었지만 그것은 모두
가 정조의 원려(遠慮)에 의한 비호의 일단이었던 것이다. 그러므로
정조가 서거하기 직전에도 여름 6월 12일(정조는 28일에 서거함) 바
야흐로 밤중에 한가히 앉았을 때 홀연히 문을 두드리는 소리를 듣고
들여보낸즉 그는 내각의 관리이었다. 『한서선(漢書選)』 등 열 가지를
가지고 와서 이르기를 "오랫동안 만나지 못했으니 불러들이고자 한
다 하였다(「묘지명」, 10쪽)" 운운하였음을 보더라도 그간의 소식을
엿볼 수 있으며 이어 그는 "정조대왕이 돌아가시자 곧장 화가 일게
되었다"(같은 글, 1쪽)라고 자탄하였던 것이다.

정조 즉위와 때를 같이하여 설치된 규장각에 문사로서 검서관에
박제가(朴齊家), 서이수(徐理修), 유득공(柳得恭), 이덕무(李德懋) 등이
뽑힌 사실도 여기서 기억에 둘 필요가 있다. 그것은 새로운 학풍 진
작의 일환이 되는 사실이기 때문이다.

정조 훙거(薨去)와 때를 같이하여 일어난 신유 천주교옥(天主教獄)
사건도 이미 상술한 바와 같이 그것의 배경에는 역시 시·벽 당쟁이

서려 있었음을 간과할 수 없을 것이다.

다산은 이로 인하여 강진에 유배되고 많은 남인계열의 학자들이 처형·치죄되자 그 뒤를 이어 순조의 국구(國舅)인 외척 김조순(金祖淳) 일파의 세도정치가 시작됨으로써 19세기 이후 세기말적·정치적 현상으로 기울기 시작하였던 것이다.

다산은 이러한 19세기 초반을 유배 18년과 그 후 환향 자적생활로 끝맺었으니 이때의 다산의 탁월한 견식과 저술의 알찬 내용이 성숙하였음은 췌언(贅言)할 필요조차 없다. 『목민심서』등 많은 그의 저술 가운데 기록된 정치·경제적 또는 사회적 현상들은 모두 이 시기의 생생한 기록임은 다시 말할 나위도 없다.

특히 이 시기에 있어서의 경제적 피폐와 사회적 불안은 그 극에 달하고 있었음을 지적하지 않을 수 없다. 흔히 그러한 현상의 원인을 임진·병자의 양란에 두는 것이 하나의 상례로 되어 있다. 그것은 일차적으로 수긍해도 좋을 것이다. 그러나 우리는 그러한 일차적 원인에서 파생된 이차적 현상을 이해함으로써 비로소 보다 더 구체적인 원인을 파악할 수 있음도 간과해서는 안 될 것이다.

지금까지 우리는 정치적 사색당쟁에 관하여 일별하였다. 여기서 우리가 주목해야 하는 것은 다름 아니라 사색당쟁은 그것이 한낱 정치적 현상에 그치는 것이 아니라 그것은 경제적 요인에 의하여 더욱 심화된다는 사실을 간과해서는 안 될 것이다. 사류(士類)는 환로(宦路)를 위하여 존재함에도 불구하고 관계에의 길은 일정 수에 국한되어 그의 문호는 협소한 데 비하여 과거에 의하여 생산되는 사류들의 인원은 다수라는 사실은 결과적으로는 유휴인력(遊休人力)의 과잉현상으로 나타날 수밖에 없다. 그것은 바로 붕당 형성의 요인이 되지 않을 수 없으며, 붕당집권은 수탈자행(收奪恣行)의 한 원인이 됨으로써 결국 민생만 도탄에 빠지는 결과로 나타날 수밖에 없다.

그러므로 우리는 여기서 임진·병자 양란(兩亂) 이후 민생고는 당쟁현상에 의하여 더욱 가중되었다는 사실만을 지적하고자 할 따름이다. 어쨌든 양란의 후유증을 수습해야 할 숙종 연간에 오히려 사색당쟁은 더욱 심화되었다는 사실은 민생의 불행이었는지는 모르지만 그들의 정치적 무능은 또한 후기 실학이 배태하지 않을 수 없는 숙명적인 배경이 되었다고 보아야 할 것이다.

더욱 주목해야 할 사실의 하나는 숙종 때에 일어난 '사문난적(斯文亂賊)사건'(필자가칭)을 지적하지 않을 수 없다. 사건의 발단은 예송(禮訟)에 있었으나 그의 여파는 경전주석에까지 미쳤다는 데에 문제가 있다.

○ 효종이 승하하자 효종의 계모요 인조의 계비인 자의대비(慈懿大妃) 조씨가 대행왕(大行王)을 위하여 어떤 복을 입어야 하느냐는 문제를 놓고 서인(노론)인 송시열(宋時烈)·송준길(宋浚吉) 등은 기년복(朞年服)을 주장하고, 남인인 윤휴(尹鑴)·허목(許穆) 등은 삼년복(三年服)을 주장하였는데 급기야 기년복으로 낙착은 되었으나 숙종조에 접어들면서 재연하여 치열의 도가 더함에 따라 양상이 일변하여 소위 경전주석 문제에까지 그 불길이 파급하였다.

백호(白湖) 윤휴(尹鑴, 1617~1680)의 학문 태도는 경문의 본의에 충실하여 정주 등의 송학에 구애하지 않았다.

○ 백호는 경연(經筵)에서 진언하기를 "경전주해는 매우 호한(浩瀚)하므로 군왕이 만기(萬機)를 보살필 새 이를 다 보실 수 없으므로 경문의 간략한 요령에 전의(專意)하심만 같지 못하다"고 하였다. 이에 남들은 "휴(鑴)가 경연에서는 주자주(朱子註)를 보지 마라" 하였다 하기도 하고 "휴는 근일에 정주(程朱)를 배척하고 스스로 대우(大禹)가 홍수를 막은 공에 비한다"고 비난하였다.

이러한 백호의 태도는 지극히 객관적이요 또 과학적인 학문태도임에도 불구하고 우암(尤菴) 송시열(宋時烈, 1607~1689)은 매우 극렬한 태도로 그가 김기지(金起之)에게 주는 서한에서 "휴는 사문의 난적[鑴是斯文之亂敵]"이라 지적함에 이르러 자못 그의 논쟁의 양상은 정로(正路)를 잃고 말았던 것이다.

이러한 경전논쟁이 정쟁의 도구화한 데에 문제가 있으며, 그 후 윤휴의 처형과 때를 같이하여 정주의 비판도 하나의 금기가 됨에 이르니 이후 주자학 일색의 풍조가 학계를 풍미하기에 이르렀던 것이다.

서계(西溪) 박세당(朴世堂, 1629~1703) 또한 우암을 준열히 비판하여 사문난적의 열에 올랐으나 그의 『사변록(思辯錄)』(주자학 비판서)은 근세에 이르러서는 새로운 주목을 끌기에 이르렀다.

이렇듯 정주학 일변도에 대한 반성은 비록 사문난적이라는 말살책의 그늘에서일망정 후기 실학파들의 경학에서 그의 서통을 잇게 되리라는 것은 너무도 당연한 일이 아닐 수 없다.

반계(磻溪) 유형원(柳馨遠, 1622~1673)의 경설은 인멸(湮滅)되어 전하지 않으므로 상고할 길이 없으나, 그 후 성호(星湖) 이익(李瀷, 1681~1763)의 질서학(疾書學)에 이어 다산 정약용의 육경사서학(六

經四書學)에 이르러 비로소 탈정주학적(脫程朱學的) 새로운 경학의 길이 열리었음을 주목해야 할 것이다.

그러므로 후기 실학에 있어서의 유교 경전학은 정치·경제적 측면에서뿐만 아니라 정주학적 측면에 있어서도 비판적 입장에서 개신유학의 새로운 기반이 다져졌음을 주목해야 할 것이다.

그러나 다산을 이해함에 있어서는 지금까지 논술한 대내적 배경뿐만이 아니라 격동하던 대외적 정세도 결코 간과할 수 없을 것이다. 한마디로 말해서 소위 숭명론자(崇明論者)들과 북학파들과의 대립은 그들의 대외관계에 있어서 절대적인 의미를 가지고 있기 때문이다. 북학의 학은 곧 '청조의 문물을 배운다[學乎淸朝文物]'는 것을 의미한다. 여기에는 담헌(湛軒) 홍대용(洪大容, 1731~1783), 초정(楚亭) 박제가(朴齊家, 1750~1815), 연암(燕岩) 박지원(朴趾源, 1737~1805), 추사(秋史) 김정희(金正喜, 1786~1856), 아정(雅亭) 이덕무(李德懋, 1741~1793) 등 쟁쟁한 학자들이 18, 19세기에 걸쳐서 배출하였다. 이들은 한결같이 연경에 들려 직접 친히 청조문물을 견문하고 지나친 명분[대의명분(大義名分)]론에 사로잡힌 숭명의 미몽에서 깨어났던 것이다. 이들이야말로 진정한 의미에 있어서의 주체적 각성(자아각성)을 한 것이다.

다산은 담헌, 연암, 아정, 초정의 후요, 추사의 선이라는 위치에 있으면서 그는 비록 연경에 다녀온 경험은 없더라도 이들과 호흡을 같이했다는 점에서 북학파의 서열에 끼게 되는 것이다.

이 시기에 있어서의 실학파들을 일명 북학파라 부르는 소이는 위에서도 언급한 바 있듯이 그들의 대외적 태도에 연유한 것이요, 그들이야말로 진정한 의미에 있어서 민생을 정치경제적 도탄에서 구출하려는 목적에서의 북학이었던 것이다.

　다산의 실사구시와 이용후생론은 이러한 측면에서 이해되어야 함은 다시 말할 나위도 없다.

2. 학통과 생애

다산의 학통을 반계—성호—다산으로 확인한 것은 아마도 위당(爲堂) 정인보(鄭寅普, 1893~1950)에 의하여 이루어진 것으로 되어 있다.

○ 조선근고의 학술사를 종계(綜系)하여 보면 반계가 일조요, 성호가 이조요, 다산이 삼조인데 그중에서도 정박명절(精博明切)함은 마땅히 다산에로 더 미룰 것이니……(『담원국학산고』, 71쪽).

한편, 성호는 "국초 이래로 식무(識務)한 이는 오직 이율곡과 유반계 두 분뿐이다[國朝以來 識務 惟李栗谷柳磻溪 二公在]"[『성호사설(星湖僿說)』]라 한 것을 보면 반·성·다 삼조의 계통은 율곡에게까지 소급될 가능성도 없지 않다. 이 점에 대하여는 다음 몇 가지 사실을 분명히 해 둘 필요가 있다.

먼저 이들(율곡—반계—성호—다산)이 한 계열로 분류되어야 하느냐, 그럴 수 없느냐 하는 문제를 생각해 볼 필요가 있다. 왜냐하면 율곡은 이미 그가 퇴계와의 정주학적 입장에서는 성리학자의 계열에 속해 있는 반면, 반계나 성호에 있어서의 성리학은 제2차적인 학문이 아닐 수 없기 때문이다.

○ 반계에 있어서의 정주학은 인멸 부재하므로 상고할 길이 없을 뿐 아니라 현존한 그의 주저는 『반계수록』으로 되어 있으며, 성호의 질서학(疾書學)이 존재한다 하더라도 그의 주저는 역시 『사설(僿說)』이나 『곽우록(藿憂錄)』으로 되어 있다.

그러므로 여기서 율곡이 성호에 의하여 반계와 더불어 추숭된 이유는 다른 데 있는 것이 아니라 그가 시무(時務)에 민감한 경세가이기도 했기 때문이다.

여기서 우리는 이들이 한 계열로 묶여진 이유로서 소위 그들의 경국제세(經國濟世)의 경륜을 들지 않을 수 없다. 그것은 도리어 당시의 정주학자들이 등한시했던 측면이기도 했기 때문이다. 이는 곧 관념론적 유학에서 본래적인 실천유학에로의 회귀를 의미하기도 하는 것이다. 그러나 다산에 있어서는 그러한 경세학적 계열의 측면뿐만이 아니라 경전학(경학)적 측면도 독자적 의미를 간직하고 있음을 간과해서는 안 될 것이다. 그의 경학은 모름지기 반계─성호의 계열로서 설명되지 않을 뿐만 아니라 더러는 율곡의 경설에 대하여 긍정적인 견해를 피력한 적이 없는 것은 아니지만 애오라지 그(다산)의 경전학은 본래적인 원시유학(原始儒學)에 근거했다는 점에 있어서도 독보적인 그의 위치를 우리는 주목하지 않을 수 없다.

○ 이러한 다산경학의 성격을 필자는 지금까지 발표된 많은 논문에서 이를 '수사학(洙泗學)'적이라 일러왔다. 그 이유에 대한 해명은 너무도 장황할 염려가 있으므로 오히려 여기서는 이 점을 생략하고 다른 논문에서의 참고를 기대하고자 한다.

다산경학이 비록 수사학적 독자성을 지니었다 하더라도 부분적으로는 다산경학과의 인접성을 지닌 다른 경학자의 존재를 배제할 수는 없을 것이다. 그러한 경학자들은 적어도 정주학에 대하여는 비판적인 입장을 견지함으로써 정주학만을 금과옥조로 묵수하던 일련의 송학자(宋學者)들과는 구분되는 계열에 속하고 있는 것이다.

이러한 비[批, 비(非)가 아님]정주학자들을 다 같이 후기 실학계열의 경학이라 간주하기는 어렵다. 가령 백호 윤휴라거나 서계 박세당과 같이 사문난적으로 몰리었던 학자들이라고 해서 모두 이를 소위 실학적(實學的) 경학(經學)이라 이르기는 어렵다는 것이다. 그러나 그들이 지니었던 비판적 태도, 곧 정신은 후기 실학자들의 새로운 경학의 양성에 크게 기여한 사실을 배제할 수는 없을 것이다.

뿐만 아니라 그들의 경의(經義) 해석에 있어서도 설령 그것이 부분적으로나마 공통점을 발견하기는 그리 어렵지 않다. 서계와 다산은 그들의 대학경설에 있어서 격치론(格致論)의 해석을 같이하고 있으며 다산과 연암은 다 같이 오행설에 대하여 부정적인 것이다. 이런 것들은 다 같이 비[非, 비(批)가 아님]정주학적 해석이 아닐 수 없다.

이로써 다산의 학통은 반계·성호를 주축으로 하는 경세학통과는 달리 독자적 경학의 학통(學統)이 있음을 발견하게 된다. 그것은 어쩌면 다산의 육경사서학(六經四書學)에 있어서 독보적 경지를 개척한 것이라 해야 할는지 모른다. 왜냐하면 그에 앞선 소위 비정주학이 존재한다 하더라도 그의 학적 체계나 내용에 있어서는 다산경학의 전체적 규모와는 너무도 거리가 멀기 때문이다. 그것은 다산경학(육경사서학)을 하나하나 낱낱이 캐고 들어가 음미함으로써 비로소 이해하게 될 문제점이 아닐 수 없다.

그러므로 필자는 일찍이 다산을 '근세수사학파(近世洙泗學派)의 창시자'라 이른 소이는 바로 여기에 있다.(「정다산의 수사학적 인간상의 문제」에서).

여기서 우리는 또다시 다산학이란 이미 서설에서도 언급한 바 있듯이 수기치인의 학으로써 짜여 있음을 지적하지 않을 수 없다. 소위 경세학은 치인지학(治人之學)이오, 그의 경학은 수기지학(修己之學)으로 간주되기 때문이다. 그러므로 다산학은 수기치인의 그 어느 한쪽에도 치우치지 않은[不偏不倚] 하나로서의 수기치인지학(修己治人之學)으로 이해되어야 할 것이다.

○ 다산은 그의 『목민심서』 서에서 "군자지학(君子之學)은 수신(修身)이 반이오 다른 반은 목민(牧民)이다"라 한 것은 수신(修己) 목민(治人)을 일자[一者, 목자(牧者)]의 각반(各半)으로 여겼기 때문이다.

○ 일자[一者, 전인상(全人像)]로서의 목자(牧者, 군자)의 학을 정립한 다산의 생애와 그의 가계 및 주변 인물들을 잠시 살펴보자.

다산의 선대는 압해(押海, 본래 나주 소속) 정씨로서 고려 말에 황해도 백천(白川)에 살더니 이씨조선이 정정(定鼎)하자 한양으로 옮겨 벼슬을 살기 시작하였다. 승문관교리를 시발로 하여 줄곧 8대 옥당을 거친 혁혁한 가문의 후손임을 못내 자랑한다. 고조 이후로는 광주 마현으로 옮겨 모두 포의(布衣)로 끝마치더니 아버지 재원(載遠)이 호조좌랑이 됨에 이르러 다시 거처를 서울에 두었다 한다. 이리하여 다산의 출생지는 한강 상류 양주군 와부면 능내리 소내[초천(笤川)] 마재[마현(馬峴)]로 알려져 있다.

다산 약용은 약현(남씨 소생)·약전·약종(윤씨 소생) 다음으로서 서차는 사남으로 태어났고 막내 약굉은 서출이다. 그의 자부에 이승훈이 있으니 연경에서 최초로 세례를 받고 귀국하여 교회를 설립한 사실들은 너무도 유명하다. 약종이 신유사건(辛酉事件)에 서문 밖에서 순교하고 약전·약용 등이 연좌 유배된 것도 그러한 주변 상황의 소치가 아닐 수 없다.

풍산 홍씨와의 사이에 이남일녀를 두니 학연(學淵)·학유(學游)라 이르고 여서(女婿)는 윤창모(尹昌謨)라 이른다. 그의 세계(世系)에 서녀(庶女) 권(權)의 기록이 있으나, 어느 때 소생인지 분명치 않고 강진 유배 때 얻은 서녀가 있어서 못내 귀여워했다는 항설이 있으나 이도 또한 그 후문을 들을 길이 없다.

다산의 일생은 아마도 3기로 나누어보는 것이 좋을 것이다. 제1기는 정조조 때 벼슬한 득의(得意)의 시절이오, 제2기는 41에서 58에 이르는 강진 유배 시절로서 환난(患難)의 시기요, 제3기는 해배(解配) 후 향리에서 학문에 전념하며 유유자적하던 시절이라 할 수 있다.

다산의 어린 시절의 몇 가지 기록을 보면, 그의 7세 때의 시(詩)에

　　작은 산이 큰 산을 가렸으니 멀고 가까움이 다르기 때문이네
　　[小山蔽大山 遠近地不同](「연보」).

구로서 아버지는 이를 기특하게 여기었고, 9세 때 모상(母喪)을 당한 후로 줄곧 5년간에 걸쳐

경사고문을 부지런히 읽었으며 시율로도 칭찬을 받았다(「묘지명」).

고 한다. 그러나 다산에 있어서 가장 중요한 사건은 성호선생의 유고를 읽게 된 일이다.

자부(姊夫) 이승훈은 칙궁여지(飭躬勵志)하여 모두 성호선생의 학을 조술하였는바 나도 그의 유서(遺書)를 얻어 보게 되자 흔연히 학문에 뜻을 두게 되었다(「같은 글」).

는 것은 이를 두고 이른 말이다. 그리하여 그는 그의 아들과 조카더러 항상 말하기를

내 큰 꿈은 대부분 성호를 사숙함으로써 깨우치게 된 것이다 (「연보」).

하였다고 한다. 뿐만 아니라 그가 22세 때 경의진사(經義進士)가 된 후로 그 이듬해에 향리에서 서울로 가는 뱃길 한강 두미협에서 광암(曠菴) 이벽(李蘗, 1754~1786, 약현의 처남)을 만나 비로소 서교(西敎, 천주교)의 서적을 얻어 본 사실을 그저 넘겨 버릴 수가 없다. 이때 '일권서(一卷書)'가 무엇인지는 확실하지 않으나 그가 이승훈에게서 세례를 받은 교인이고 보면 아마도 『천주실의』가 아닌가 싶다. 이때의 상황을

> 이벽을 따라 노닐 때 서교의 이야기를 듣고 서서(西書)를 보았으
> 나 정미 이후 4, 5년간 줄곧 여기에 경심(傾心)하였다「묘지명(광
> 중본)」).

라 한 것을 보면 천주교에 대한 이해는 이때에 어느 정도 이루어졌
을 것으로 여겨진다.

이러한 일들이 그의 나이 22, 23세 때이니 요즈음 대학생들의 나
이와 맞먹는다.

그가 학문적으로 정조의 관심을 끌게 된 것은 23세 되던 해에 어
제중용강의 조문팔십조에 대한 해설이었다. 그 내용은 그의 저서인
「중용강의보(中庸講義補)」에 담겨 있거니와 그의 설이 율곡의 설과
우합하여 속설을 파탈함으로써

> 왕이 보시고 자주 칭찬하셨다.

의 영광을 얻고

> 정모(丁某)는 포유(襃諭)를 얻음이 이와 같으니 반드시 크게 떨칠
> 것이다.

라고 한 장래가 약속되었던 것이다. 이에서 비롯한 정조의 가지가지
총애는 여기에 이루 다 기록할 겨를이 없거니와 다못 그다지 높은
벼슬까지는 오르지 못했다 하더라도 그의 출사의 자취를 더듬어 가
면서 좀 더 살펴보기로 하자.

33세에 경기암행어사가 되기까지의 다산은 성균관직강, 홍문관교

리 등 정5품 벼슬에 있으면서 정조를 측근에 모시었다. 그간에 채제공(蔡濟恭), 이가환, 이익운(李益運) 그리고 다산 등의 진언에 의하여 남인 출신의 인물들이 대거 대각에 등용되었고, 다산은 특히 정조의 명에 의하여 수원성제를 마련한 것은 너무도 유명하다. 이때에 처음으로 기중가도설(起重架圖說)을 지어 실제에 이용하였고 이로 인하여 수만 냥의 경비와 이에 따른 인력을 절감하였던 것이다.

그 후 벼슬이 누진하여 동부승지 병조참의(정3품 당하관)를 제수받아 더욱 정조를 측근에 모시었다. 그러나 불행히도 34세 되던 7월에 금정도찰방(金井道察訪, 종6품)이라는 외직으로 좌천되었으니 여기에는 당시의 사회 및 정치적 정세의 미묘한 작용 때문이었음은 다시 말할 나위도 없다.

이는 바야흐로 남인이 기용되려는 시기에 소주인(蘇州人) 주문모(周文謨, 1752~1801)의 변복잠입사건이 일어났기 때문이었다.

○ 을묘년(1795) 여름에 중국신부 주문모가 밀입국하여 서울 북악에서 숨어살면서 천주교를 널리 포교하다가 한영익(韓永益)의 밀고로 발각되었으나 주문모는 몰래 피하여 체포를 면하였다. 이 사건으로 때마침 남인 기용의 기운이 꺾이어 다산도 금정찰방으로 좌천되었던 것이다.

이때의 다산의 좌천은 흉흉한 일설을 잠시 피하게 하는 정조의 깊은 원려에 의한 일시적 피화(避禍)로 간주되기도 한다. 당시 금정역(홍주지방)속들이 대다수가 서교에 젖어 있었기 때문에 다산은 정조의 깊은 뜻을 받들어 지방의 유력자들에게 조정의 금령을 신유(申諭)

하고 제사를 권고하여 실효를 거두기도 하였다. 그리고 온양(溫陽) 석암사(石巖寺)에서 목재(木齋) 이삼환(李森煥)과 만나 날마다 수사학 (선진유학)을 강론하였는데—회집자는 이광교(李廣敎), 이명환(李鳴 煥), 권기(權夔), 강이오(姜履五) 등 10여 인—이를 「서암강학기(西巖講 學記)」라 이른다.

성호유서를 교정하고 퇴계집을 읽으면서 「도산사숙록(陶山私淑錄)」 33칙을 제작하기도 하였다.

7월에 금정에 내려갔다가 곧장 12월 26일에 용양위부사직(龍驤衛 副司直, 종5품)으로 체부(遞付)되어 점차 좌부승지(左副承旨)로 승진하 였다. 그러나 국정은 아직도 잔잔하지 않으므로 다산은 이를 사양하 는 상소까지 올렸다. 정조도 그의 뜻을 받아들여 잠시 곡산에 내려 가(곡산부사) 있다가 1, 2년 기다리는 것도 무방하리라는 결단을 내 렸다(1797).

그는 다음 해(1799) 4월에 병조참지(兵曹參知, 정3품)로 내제되어 입경, 형조참의가 되었다. 곡산에서는 이계심(李季心) 사건의 명쾌한 처리를 위시로 하여 많은 업적을 남기었고 백성들의 두창치료(痘瘡 治療)를 위하여 『마과회통(麻科會通)』을 저술하기도 하였다.

그러나 그의 비운은 문턱에까지 다가왔음을 그는 깨달았음인지 반대파의 질시를 피하여 향리로 돌아갈 뜻을 비치는 자명소(自明疏) 를 짓기도 하였다. 아니나 다를까. 이듬해(1800) 6월에 정조가 승하 하니 이로써 그의 제1기의 득의시절은 끝맺고 유적(流謫)생활의 제2 기를 맞게 된 것이다.

○ 제1기에 있어서의 다산의 경학저술로는 『중용강의(中庸講義)』

가 있고, 기타는 시문류(時文類)가 있을 따름이다.

이 계기를 마련해 준 사건은 곧 신유사옥(교옥) 사건이니 표면상
이유는 서교에 있으나 사실인즉 시(時)·벽(僻) 양파의 싸움이었던
것이다.

○ 이 사건의 배경과 내용에 대한 이해는 다산의 생애에 있어서 1,
2기의 분수령이 되므로 좀 장황하지만 이병도 『국사대관』(479~481
쪽)에서 그 대략을 다음에 전기한다.

> 천주교에 관한 서적이 선·광 시대로부터 들어오기 시작하여
> 서양과학서류(한문)와 함께 일부 학자 간에 주의를 이끌었다.
> 얼마 동안은 순전한 학문적 호기심과 지적 탐구욕을 가지고 그
> 런 서적에 대한 데 불과하였다. 그 후 천주교서는 점점 민간에
> 유포되어 거기에 대한 신앙 실천 운동이 차차 일어났으니 영조
> 34년(1758)경에는 황해도 지방에 천주교가 크게 만연하여 강원
> 도로 전파되었고 신자로서 사당을 헐고 제사를 폐하는 무리가
> 많았으므로 왕은 특히 지방장관에 명하여 이를 엄금케 한 일까
> 지 있었다. 사당훼철 제사폐지는 유교국가에서 허용되지 아니할
> 뿐더러 일찍이 상상조차 하지 못했던 일이다. 그러나 이때 이
> 새로운 종교에 대하여 특별한 관심을 가지고 안심입명의 길을
> 구하려던 무리는 대개 정권을 잃은 남인학자와 기타 신분적 불
> 평이 많은 계급의 사람이었다. 그리하여 남인 명사의 한 사람인
> 이승훈(李承薰)은 정조 7년(1783) 겨울에 자기의 부친을 따라 북
> 경에 갔을 때 서양인 신부에게 세례를 받고 많은 서적을 구하여
> 가지고 돌아왔다. 이것이 남인 신진파 천주교 실천운동에 있어
> 가장 기록적이고 획기적인 장면으로 이때 그 방면 인사에게 미
> 쳐준바 자극과 영향은 매우 컸다. 권철신(權哲身)·일신(日身)
> 의 형제 정약용·약종·약용의 3형제 및 이벽, 이가환 등은 그

중의 가장 대표적인 인물이었다. 이 신앙 실천 운동이 열렬하여짐에 따라 사류로 신주를 파묻고 제사를 폐하는 일까지 생기게되니 유교를 근본으로 삼는 재래의 전통과는 여간 배치되는 것이 아니었다.

그리하여 정조 10년 이래 조정에서는 이를 사학이라 규정하여 법으로서 금하고 중앙으로부터의 모든 서적의 수입을 엄금하였으며 동왕 15년(신해)에는 진산(전북)사인으로 신주를 불살라 없앴다고 하는 윤지충(尹持忠)·권상연(權尙然)을 사형에 처한 일까지 있었다. 그러나 정조는 관대한 정책을 써서 그렇게 광범위에 걸친 심한 박해는 가하지 아니하였다(그러므로 교주의 지목을 받던 권일신과 같은 사람도 귀양에 그쳤다).

그 후 정조 19년(1795)에 주문모라는 청인신부가 입국하여 서울을 중심으로 기호(畿湖) 간에 잠행하여 7년간 전도에 종사함으로부터 신자의 수가 날로 늘어났다. 그런데 정조가 하세(下世)하고 순조가 즉위하여 대왕대비 김씨(영조비)가 후견하게 되자 갑자기 천주교에 대한 혹독한 박해의 선풍이 일어나 무수한 신자가 학살당했다. 즉, 위의 이승훈, 권철신, 홍낙안(洪樂安), 이가환, 정약종 등 남인명사를 비롯하여 배신을 즐겨하지 않는 교도들은 다 목숨을 빼앗기고 그들의 가족인척으로 여기에 연좌하여 죽고 혹은 귀양 간 이가 많았으며(정약전, 약용은 귀양) 신부 주문모도 자현(自現)하여 사형에 취(就)하였다. 정약종(약전의 제삼형)은 법명을 오사정(奧斯丁, Austin)이라 하여 신심이 가장 도타웠고 교도를 위하여 일찍이 국문으로 주교요지 2권을 저술하고 또 이 밖에 천주교 제서(諸書)를 박채(博採)하여 거기에 간간기견(己見)을 섞어 누구나 알기 쉽게 쓴 것이 있다. 그가 수레를 타고 형장으로 나갈 때 도중에서 군중에 이르기를 "너희들은 우리를 비웃지 마라. 사람이 이 세상에 나서 천주를 위하여 죽는 것은 당연한 일이다. 대심판이 있을 때 (지금) 우리들의 눈물은 변하여 진정 쾌락이 될 것이고, 너희들의 비웃음은 변하여 정말 고통이 될 것이다. 너희들은 아예 비웃지 마라" 하였고 형장에 임하였을 때도 관중에게 "너희들은 두려워하지 마라. 이것은 당연한 일이니 아예 무서워 말라. 이 후에도 본받아 행하라" 하고 조용히 형을 받았다 한다[「황사영백서(黃嗣永帛書)」]. 이때에 황사영이란 남인신도는 법망을 벗어나 산 속에 숨어 이 참담한 사건의 경과보고 및 구원의 길을 구하기 위하여 북경에 있는 서양주교에게 장서(백서)를 몰래 보내다가 발각되어 대역부도 (大逆不道)의 죄명으로 참수의 형을 받았다. 이것이 순조 원년 신유에 일어났으므로 해서 신유사옥(辛酉邪獄)이라 한다. 흔히 말하는 바와 같이 이 교난은 대왕대비 김씨를 배경으로 한 벽파 (僻派)가 남인시파(時派)를 타도하려는 술책에서 나온 것이 분명 하나 이때 순교자 중에는 각 계급의 사람과 또 김건순[金健淳, 상 헌후예(尙憲後裔)]·김백순[金伯淳, 상용후예(尙容後裔)] 등과 같은 노론대가의 신자들도 있었던 것을 잊어서는 아니 될 것이다.

신유년 2월 8일에 다산은 체포·입옥되었다. 이때의 직접적인 원 인이 된 것이 소위 책롱사건(冊籠事件)이다.

○ 책롱사건이란 한 책롱 중 5, 6인의 천주교문서가 혼잡되어 있 는 것이 발각되어 사건화 되었는데 그중에 다산가 서찰(書札)도 들어 있는 것으로 간주되어 이가환, 이승훈, 정약용, 정약전, 정약종, 이기 양(李基讓), 권철신, 오석충(吳錫忠), 홍낙안, 김건순, 김백순 등이 차 례로 입옥하여 신유사건의 발단이 되었다.

다산은 19일 만에 무혐의로 백방(白放)되었으나 출옥하자 장기로 유배되었다(동월 27일).

○ 풍수 귀신설을 실리적 입장에서 부인하는 다산이지만 그의 옥 중몽사(獄中夢事)는 다음과 같이 기록하고 있다.

문득 꿈속에서 한 노부가 꾸짖어 말하기를 '소무(蘇武)는 19년도 참았는데 그대는 19일도 못 참는가' 하였는데 그날로 출옥되었기에 계산한즉 19일째 되는 날이오, 강진 유배도 신유 전년인 경신유락(庚申流落, 정조홍거)으로부터 치자면 19년이니 인생비태(人生否泰)에 어찌 정명(定命)이 없다 하겠는가.

라 하였음을 보면 다산이 정명(숙명)론에 기운 듯한 느낌마저 없지 않다.

○ 장기는 경북 포항 영일만 반도 끝에 위치한 벽지로서 다산도 '장기는 풍토병이 있는 시골의 황무지 같은 곳[長鬐瘴鄕蕪荒之地]'이라 한 궁촌이다. 여기서 오히려 그는 정신을 맑고 깨끗하게 하여 『이아술(爾雅述)』 6권을 저술하였다.

10월에 다시 피체(被逮) 입옥(入獄)하였다가 강진으로 유배되니 이로써 그의 18년 유배생활이 시작되었던 것이다.

형 약전[若銓, 손암(巽庵)]과 함께 내려오다가 형은 흑산도로, 다산 자신은 강진으로 일서일남(一西一南)의 갈림길이 나주 율정(栗亭)이었으니, 그때의 시 일절을 적기하면 다음과 같다.

율정의 이별[栗亭別][Ⅰ~4, 25쪽(1-299)]
초가 주막 새벽 등불 파르르 꺼지려는데   茅店曉燈靑欲滅
일어나 샛별 보니 이별할 일 참담하여라   起視明星慘將別
두 눈만 멀뚱멀뚱 둘 다 할 말 잃어   脉脉永嘿嘿兩無言
애써 목청 다듬으나 오열이 터지네   強欲轉喉成鳴咽……

목 메이는 이날의 이별은 다시 못 만나는 이별이 되고 말았다. 손암은 귀양길 흑산도에서 세상을 떠났으니 그간에 비록 형제간에 문통(文通)—학문적 문답이 있었지만 실로 눈물겨운 일이 아닐 수 없다.

강진에 들어서자 첫발을 디딘 곳이 동문 밖 주가(酒家)로서 거기에는 한 노온(老媼)이 있어 선생을 돌보아드렸다고 한다. 이때에는 아무도 귀양 온 선생과 만나주려 하지 않았으니 다산은 이때의 정황을

> 처음 왔을 때 백성들은 두려워하여 문을 부수고 담장도 헐어버렸으며 함께 서서 이야기를 나누려 하지도 않았다.

라 한 것을 보면 인심의 냉혹함을 짐작하게 한다.

이 주가에서의 거실을 사의재(四宜齋)라 이름하고, 비로소 역학을 공부하기 시작하였으니 그는 사의재기를 다음과 같이 기록하고 있다.

> 사의재란 내가 강진에서 적거하던 방이다. 마음은 마땅히 담백해야 하거늘 만일 담백하지 않으면 이내 이를 맑게[澄] 해야 한다. 용모는 마땅히 장엄해야 하거늘 만일 장엄하지 않으면 이내 이를 응집[凝]해야 한다. 말씨는 마땅히 어눌해야 하거늘 만일 어눌하지 않으면 이내 이를 그치도록[止] 해야 한다. 동작은 마땅히 중후해야 하거늘 만일 중후하지 않으면 이내 이를 느릿느릿[遲]하게 해야 한다. 그러므로 방 이름을 사의재라 하였다. 마땅하다[宜]는 것은 옳은[義] 것이다. 옳은 것으로 이를 제재(制裁)하자는 것이다. 나이는 날로 더해 감을 생각하며 해야 할 일들은 버려져 있음을 애달프게 여기며 스스로 반성하고자 함이다. 때는 가경(嘉慶) 8년(1803) 겨울 11월 10일 바로 갑자년이 다가오는 때로서 이날 비로소 건괘(乾卦)를 읽었노라(Ⅰ~13).

다산은 그의 『주역사전』의 첫머리에서,

> 나는 갑자양후지일(甲子陽後之日, 가경 8년 계해 동)에 강진적중(康津謫中)에 있으면서 비로소 역을 읽었다⋯⋯(Ⅱ~37).

라 한 것과 맞먹는다. 다산은 신유년 동지달에 강진에 내려와 꼭 1
년 되는 때로서 이제 비로소 차분히 『주역』을 읽으면서 긴 강진생활
의 설계를 한 것으로 짐작이 된다.

그러나 사의재 적거생활은 외롭기 그지없던 시절이기는 하나 어
쨌든 한 노파(주모)의 돌봄과 역리탐구의 의기로 이 시기를 넘겼으
니, 이때를 회상하여 그는

> 계해년 늦은 봄부터 눈으로 보는 것과 손으로 잡는 것과 입술로
> 읊는 것과 마음으로 생각하는 것과 먹으로 기록하는 것으로부
> 터 밥을 먹고 변소에 가며 손가락을 놀리며 배를 문지르는 것에
> 이르기까지 어느 하나도 『주역』 아닌 것이라고는 없었다(「여윤
> 외심서(與尹畏心書)」).

라 한 것을 보면 모든 시름을 오로지 이 『주역』 일서(一書)로 달랬던
것 같다.

다산이 을축년(1805) 겨울에 읍 뒤 우이산(牛耳山) 우두봉하(牛頭峯
下) 보은산방[寶恩山房, 일명 고성사(高聲寺)]으로 경함(經函)을 옮겨
다소나마 안주할 곳을 얻은 것은 그럴 만한 한 가지 사연이 있었던
것이었음을 거저 넘겨버릴 수가 없다.

바로 그해(을축) 가을에 아암(兒菴) 혜장선사(惠藏禪師)를 만났으니
이로써 다산의 읍거생활에도 오랜만에 변화를 가져오게 된 기연을
이루었던 것이다.

날이 가고 달이 가고 또 해가 바뀔수록 정배(定配)의 죄인 다산에
대한 감시도 다소 누그러지자 하루는 백련사[白蓮寺, 만덕사(萬德寺)]
로 잠행 소풍을 나섰던 길에 문득 혜장을 만났다. 하룻밤 사이에 백

녀지기처럼 가까워진 두 사람은 그 후로도 차와 시로써 깊은 인연을 맺었다(졸고 「유불상교의 면에서 본 정다산」 참조).

이로써 다산과는 일면식도 없었던 고성사로 이사하게 된 연유는 짐작하고도 남음이 있다. 동문 외 주가에서 보은산방으로 옮긴 것은 혜장의 주선이었음은 너무도 자명한 일이 아닐 수 없다.

그러나 다산은 보은산방에서 겨우 1년도 채 못 되게 거처하다가 읍내 목리(牧里)에 있는 이학래가(李鶴來家)로 다음 해 병인년 가을에 옮겼고 그다음 다음 해인 무진년 봄에 다산으로 이사하여 10년 동안 해배되던 무인년(1818) 9월 보름날까지 우거(寓居)하였다.

적거 중 정리된 다산의 업적을 대충 적기하면 다음과 같다.

1801 (장기에서) 이아술(爾雅述) 기해방례변(己亥邦禮辨)

1802 (강진에서) 단궁잠오(檀弓箴誤) 조전고(弔奠考)

1805 정체전중변(正體傳重辨, 기해방례변己亥邦禮辨) 완성

1807 상례사전(喪禮四箋) 중 예전상구정(禮箋喪具訂) 저작

1808 (다산서옥茶山書屋에서) 다산문답(茶山問答) 다산제생증언(茶山諸生贈言) 제례고정(祭禮考定) 주역사전(周易四箋) 24권 독역요지(讀易要旨) 십팔칙(十八則) 역례비석(易禮比釋) 주역전해(周易箋解) 주역서언(周易緒言) 12권 춘추관점보주(春秋官占補註)

1809 상례사전(喪禮四箋) 중 상복상(喪服商) 시경강의산록(詩經講義刪錄)

1810 시경강의보(詩經講義補) 관례작의(冠禮酌儀) 소학주관(小學珠串)

1811 아방강역고(我邦疆域考) 상례사전(喪禮四箋) 중 상기별(喪期別)

1812 민보의(民堡議) 3권 춘추고징(春秋考徵) 12권

1813 논어고금주(論語古今註) 40권

1814 맹자요의(孟子要義) 9권 대학공의(大學公議) 3권 중용자잠(中庸自箴) 9권 중용강의보(中庸講義補) 대동수경(大東水經)

1815 심경밀험(心經密驗) 소학지언(小學枝言)

1816 악서고존(樂書孤存)

1817 상의절요(喪儀節要) 방례초본(邦禮草本, 경세유표) 40권(미완)

1818 목민심서(牧民心書) 48권 국조전례고(國朝典禮考)

해배 후의 저술은 다음과 같다.

1819 흠흠신서(欽欽新書) 아언각비(雅言覺非)

1834 상서고훈(尙書古訓) 지원록(知遠錄) 매씨서평梅(戌書平) 개정

다산서옥(茶山書屋)에서의 다산의 저술이 그의 전 저작의 대부분을 차지하고 있음은 이상의 기록에 의하여(1801~1818) 너무도 자명하다. 그러므로 다산생애의 제2기야말로 고난의 시절이기는 하지만 그는

> 내가 강진 바닷가로 이미 귀양 왔으니 유년 시절부터 학문에 뜻을 둔 지도 20년이 되었으나 세상일에 깊이 빠져 다시금 선왕의 도를 모르고 지냈다. 이제 틈을 얻었으니 드디어 기꺼이 스스로 이를 경하롭게 생각하여 육경사서를 꺼내 들고 깊이 연구하였다(「묘지명」).

라 했듯이 오히려 그는 이 시기를 경학구색(經學究索)의 절호의 기회로 삼았던 것이다.

다산서옥(茶山書屋) 10년의 모습을 살펴보면,

> 무진년 봄에 다산으로 이사하자 대도 쌓고 못도 팠으며 나무도
> 심고 꽃도 가꾸었다. 물을 끌어다가 비류폭포도 만들었는가 하
> 면 동서(東西) 양암(兩菴)을 다듬어 놓기도 하였다. 장서는 천여
> 권인데 저서로 자오(自娛)하였다. 다산은 만덕사 서쪽에 있는데
> 처사 윤단(尹博)의 산정이다. 석벽은 정석(丁石) 두 글자를 새겨
> 이를 알게 하였다.

라 하였으니 그 후 이 산정은 100년도 채 못 된 사이에 퇴락하여 산
정과 동·서 양암은 겨우 초석만이 수풀 속에 잔류하더니 근자
(1977)에 복원되어 옛 모습을 방불케 하나 그중에서도 대지와 정석
만이 옛 모습 그대로인 양하다.

다산은 이곳 18년간의 생활에서 많은 것을 보고 느끼었다. 그러므
로 그는 경학뿐만 아니라 많은 시문을 남겼으며 동시에 이곳 농민들
의 처참한 생활상도 결코 간과하지 않았다. 그러한 기록들은 그의
일표이서에 담겨져 있다.

무인년 9월 보름(1818)에 귀양이 풀리자 이곳을 적지라 여기지 않
고 오히려 정든 제 2의 고향으로 생각하였다. 그리하여 18인의 제자
들(적거 18년의 숫자와 우합한다)로 하여금 다신계(茶信契, 동창회와
같다)를 조직하게 하였고 계안(契案)마저도 손수 마련하여 주었다.
계안은 다음과 같다.

다신계절목(『호남문화연구』 제1집 참조).

무인팔월회일첨의(戊寅八月晦日僉議)

사람이 귀하다는 것은 신의가 있기 때문이다. 만일 모여 살면서 서로 즐거워하다가 흩어진 다음에 서로 잊어버린다면 이것은 짐승의 도인 것이다. 우리들 수십 인이 무신년 봄부터 오늘에 이르기까지 모여 지내면서 글공부를 하되 형제나 다름없더니 이제 선생께서 고향으로 올라가신 후 우리들은 흩어지게 되니 만약 막연하게 신의의 도를 배운 까닭을 생각하지 않는다면 경박한 짓이 아니겠는가. 거년 봄에 우리들은 이 일을 미리 짐작하고 돈을 모아 계를 만들었는데 처음에는 한 사람마다 돈 1냥씩을 출연하여 2년 동안 이식(利息)을 치렀더니 이제 그 돈이 35냥이 되었다. 다못 이미 흩어진 후에 돈을 출납하자면 뜻대로 되기가 쉽지 않을 것을 염려하고 선생께서는 보암서촌(寶岩西村)에 있는 박전(薄田) 몇 구(區)를 떠날 무렵에 팔려고 해도 대부분 팔리지 않았다. 이에 우리들은 돈 35냥을 행장 속에 넣어드리고 선생의 서촌(西村) 전답 몇 구를 그대로 계(契) 재산으로 만들었다. 그리하여 계명을 다신계(茶信契)라 하고 후일 강신(講信)의 자산으로 삼았으니 그의 조례와 토지 결부수(結負數)는 아래에 자세히 기록한다.

좌목(座目) 서차는 연치(年齒)로 하지 않고 형제는 쌍쌍이 기록한다.

이유회(李維會) 자(字) 인보(寅甫) 갑진생(甲辰生), 이강회(李綱會) 자(字) 굉보(紘甫) 기유생(己酉生), 정학가(丁學稼) 자(字) 치기(穉箕) 계묘생(癸卯生), 정학포(丁學圃) 자(字) 치구(穉裘) 병오생(丙午生), 윤종문(尹鍾文) 자(字) 혜관(惠冠) 정미생(丁未生), 윤종영(尹鍾英) 자(字) 배연(拜延) 임자생(壬子生), 정수칠(丁修七) 자(字) 래칙(來則) 무자생(戊子生), 이기록(李基祿) 자(字) 문백(文伯) 경자생(庚子生), 윤종기(尹鍾箕) 자(字) 구보(裘甫) 병오생(丙午生), 윤종벽(尹鍾璧) 자(字) 윤향(輪鄕) 무신생(戊申生), 윤현동(尹鉉東) 자(字) 성교(聖郊) 신해생(辛亥生), 윤아동(尹我東) 자(字) 예방(禮邦) 병인생(丙寅生), 윤종심(尹鍾心) 자(字) 공목(公牧) 계축생(癸丑生), 윤종두(尹鍾斗) 자(字) 자건(子建) 무오생(戊午生), 이택규(李宅逵) 자(字) 백홍(伯鴻) 병진생(丙辰生), 이덕운(李德芸) 자(字) 서향(書香) 병인생(丙寅生), 윤종삼(尹鍾參) 자(字) 기숙(旗叔) 무오생(戊午生), 윤종진(尹鍾軫) 자(字) 금계(琴季) 계해생(癸亥生) 이상 18인

영등평(永登坪) 업자답(業字畓) 3두락 세액5부(負) 3속(束)[경오 3
월 성문(成文) 본가(本價) 6냥]
매어강진(賣於庚辰) 12월 19일 세미대백급(稅米代白給)
거고평(巨古坪) 독자답(篤字畓) 2두락(斗落) 세액7부(負) 2속(束)[경
오 4월 성문(成文) 본가(本價) 9냥]
청룡평(靑龍坪) 종자답(終字畓) 4두락(斗落) 세액17부(負) 7속(束)
[병자 3월 성문(成文) 본가(本價) 23냥]
대천평(大川坪) 창자답(唱字畓) 5두락(斗落) 세액25부(負)[병자 3월
성문(成文) 본가(本價) 25냥]
모목동평(毛木洞坪) 극념양자답(克念兩字畓) 4두락(斗落) 세액14부
(負)[임오 3월 성문(成文) 본전(本錢) 28냥)

약조

1. 우답(右畓) 보암(寶巖)에 있는 것은 이덕운이 조관(照管)하라.
   백도(白道)에 있는 것은 이문백이 조관하라. 매년 추수곡(秋收
   穀)은 봄이 되면 돈을 사라.

1. 매년 청명한식지일(淸明寒食之日)에 계원들은 다산에 모여서
   계사(契事)를 치르고 운자(韻字)를 놓고 시를 짓되 연명으로
   서장(書狀)을 만들어 유산(酉山)으로 보내라. 이렇듯 모이는
   날에 생선 값 1냥은 계전(契錢)에서 지불하고 양식 쌀 1승은
   각자 지참하라.

1. 곡우 날 눈차(嫩茶)를 따서 불에 쬐어 1근을 만들고 입하 전
   에 만차(晚茶)를 따서 병(餅) 2근(斤)을 만들고 엽차 1근과 병
   차(餅茶) 2근을 시찰(詩札)과 함께 부치도록 하라.

1. 국화 필 때 계원들은 다산에 모여서 계사를 치르고 운자를
   놓고 시를 짓되 연명으로 서장을 만들어 유산으로 보내라.
   이렇듯 모이는 날에 생선 값 1냥은 계전에서 지불하고 양식
   쌀 1승은 각자 지참하라.

1. 상강 날 신면포(新棉布) 1필을 사되 추세(麤細)의 구분은 그
   해의 풍흉을 보아서 곡출이 많으면 세포(細布)를 사고 곡출이
   적으면 추포(麤布)를 사라. 백로 날 비자(榧子) 5되를 취하여
   면포와 함께 유산으로 보내라. 비자(榧子)는 혜관·배연 두
   사람이 해마다 진배(進排)하고 이 두 사람은 다역(茶役)을 면
   제해 주도록 하라.

1. 차를 따는 역사(役事)는 각인이 분수대로 자비(自備)하고 자비하지 못하는 자는 돈 5푼을 신동(信東)에게 지급하여 귤동 촌아(村兒)를 고용하게 함으로써 채다충수(採茶充數)케 하라.
1. 동암(東菴) 지붕 이는 값은 1냥이오 입동 날 계전에서 지변(支辨)케 하라. 귤동 사는 여섯 사람으로 하여금 편점(編苫)을 감독하게 하고 반드시 동지 전에 새로 덮되 만일 동지가 지나면 명춘다역(明春茶役)을 여섯 사람이 전당(全當)하게 하고 다른 계원들은 조역(助役)을 못하게 하라.
1. 제역(諸役)의 비용을 지출한 후 만일 남은 돈이 있으면 착실한 계원에게 맡겨 식리(殖利)하게 하되 일인(一人)에게 주는 돈이 그 냥을 넘지 못하게 하라. 15냥 혹 20냥이 차면 곧장 전답을 사서 계중(契中)에다 넣도록 하고 식리한 돈은 20냥을 넘지 못하게 하라.

읍성제생좌목(邑城諸生座目)
손병조(孫秉藻) 소자(小字) 준엽(俊燁) 자(字)
황상(黃裳) 소자(小字) 산석(山石) 자(字)
황경(黃褧) 소자(小字) 안석(安石) 자(字)
황지초(黃之楚) 소자(小字) 완담(完聃) 자(字)
이청(李晴) 소자(小字) 학래(鶴來) 자(字) 금초(琴招) 임자생(壬子生)
김재정(金載靖) 소자(小字) 상규(尙圭) 자(字)

내가 가경 신유년 겨울에 유배되어 강진에 도착하였다. 동문 외주가에 우접(寓接)하였고 을축년 겨울에는 보은산방에서 살았다. 병인년 가을에는 학래 집으로 이사하였다. 무신년 봄에 다산으로 옮겨 살았다. 적거생활까지 합하여 18년인데 읍에서 살기를 8년이오. 내가 다산에서 산 지도 11년이다. 맨 처음에는 사람들이 나를 두려워하여 문을 부수고 담을 헐어버리며 만나주려고 하지 않았다. 이 어려운 시절에 내 좌우에 있던 사람은 손(孫)·황(黃) 등 네 사람이었다. 이렇게 본다면 읍인들은 나와 함께 걱정을 나눈 자들이오. 다산 제인(諸人)은 오히려 평화롭게 된 후에 알게 된 자들이다. 읍인을 어찌 잊을 수 있겠는가. 이에 다신계헌(茶信契憲)의 끝에 또 읍인 여섯 명을 기록하여 징후의 글로 삼고 또 이 제인은 응당 다신계사에 합심하여 조관(照管)토록 하

라. 이는 내가 부탁하는 것이니 어찌 소홀히 할 수 있을까.

1. 입하 후에 엽차와 병차는 읍중으로 보내고 읍중에서는 인편을 찾아서 유산으로 보내도록 하라.
1. 상강 후에 면포와 유자는 읍중으로 보내고 읍중에서는 인편을 찾아서 유산으로 보내도록 하라.
1. 다신계 전답에 만일 부속(負束)의 차오(差誤)가 있어서 수습하기가 어려우면 계원이 읍에다 말하여 읍중에서 주선 고호(顧護)토록 하라.
1. 수룡(袖龍) 체경(掣鯨) 등은 또한 방외(方外)에서 인연이 있는 자다. 그들의 전등계전답(傳燈契田畓)에 만일 걱정되는 일이 있으면 읍에다 말하여 읍중에서 주선고호(周旋顧護)토록 하라.
1. 다신계 전답 세곡은 매년 겨울에 계원들이 읍중과 함께 상의 선처하여 진황의 폐가 없도록 하라.

18년 동안 외로운 유배생활을 끝내고 향성(鄕星)으로 돌아간 다산은 못내 다산산정을 잊지 못했다. 다신계원 기숙과 금계에게 준 편지를 보면 연연한 향수마저 느끼게 한다.

다산 제생이 나를 열수가로 찾아와 일을 마치었기에 묻기를 "금년에 동암 지붕은 이었느냐?" "이었습니다." "홍도는 시들지나 않았느냐?" "번성합니다." "섬돌 주추는 무너지지나 않았느냐?" "무너지지 않았습니다." "연못 속에 두 마리 잉어는 더 컸더냐?" "두 자나 됩니다." "동사(東寺) 길가에 동백은 모두 무성한가?" "그렇습니다." "여기 올 때 따 둔 이른 차 잎은 말렸느냐?" "아직 못 말렸습니다." "다사전곡(茶社餞穀)이 부족한 일은 없느냐?" "그렇습니다." 옛 사람이 말하기를 "죽은 자가 다시 부활하더라도 부끄러움이 없어야 한다"고 하였는데 나는 또다시 다산에 갈 수 없는 것이 죽은 자와 다름이 없다. 그러나 혹시라도 다시 다산에 가게 되면 모름지기 부끄러운 빛이 없어야 할 것 같구나.

계미 수하(首夏, 도광道光 3년) 열상노인(洌上老人) 서증(書贈)
기숙(旗叔) 금계(琴季) 이군(二君)

이렇듯 어쩌면 그렇게도 못 잊는 다산산정이었을까 싶다.

그러므로 다산의 강진 18년은 원한의 18년이 아니라 오히려 넘치는 정만을 남겨놓은 18년이었는지도 모른다.

다산은 18년 만에 풀려났지만 사실인즉 이미 18년 전 경오년 (1810) 가을에 풀려날 뻔했다가 갑술년(1814) 여름에는 정계가 확정되었었다. 그러나 정계가 집행되지 않아도 이를 다산은 정명으로 돌려 담담하게 받아들였지만 그의 「자찬묘지명」의 다음과 같은 기록은 그대로 넘겨 버릴 수가 없다.

경오년 가을에 용(鏞)의 아들 학연이 아비의 원한을 풀기 위하여 글을 올렸더니 형조판서 김계락(金啓洛)이 왕명의 재가를 청하여 향리로 방축(放逐)하라 명하였다. 홍명주(洪命周)가 불가하다 하였고 또 이기경의 대계(臺啓)가 발(發)한 바 있어 얼른 방면하지 못하였다. 갑술년 여름에 대신 조장한(趙章漢)의 정계(停啓)로 금부(禁府)에서 때마침 궐문(關文)을 보내려고 할 무렵 강준흠 (姜浚欽)의 상소가 지독하여 판의금(判義禁) 이집두(李集斗)는 이를 두려워하며 감히 발하지 못하였다. 무인년 여름에 응교 이태순(李泰淳)이 상소하여 정계되었으나 금부의 관문은 발하지 못했다. 이는 개국 이래 일찍이 없었던 일이다. 유폐(流弊)는 장차 무궁할 것이므로 상신 남공철(南公轍)이 금부제신(禁府諸臣)을 허물하니 판의금 김희순(金羲淳)이 이에 관문을 발하여 용(鏞)은 향리로 돌아오니 곧 가경 무인년 9월 보름날이라.

그러므로 갑술년 여름에 정계(停啓)되었건만 무인년 9월에 풀렸으니 만 4년여는 덤으로 귀양산 셈이 된다. 갑술년 이후 무인년 사이에 다산은 『맹자』·『중용』·『대학』·악서·상례 등뿐만 아니라 『경세유표』·『목민심서』 등의 대저를 남겼으니 하늘은 그에게 보다 더 큰 임무를 맡기기 위한 것이었는지도 모른다. 다산의 정명론적 체념도 이러한 뜻으로 받아들여야 할 것이다.

다산의 제3기인 말년은 그의 「자찬묘지명」[그의 화진(花辰) 시(時) 작(作)]에서의 기록처럼 "자연에서 노닐면서 끝을 맺은[消搖山澤間以終焉)]" 유유자적한 생활로 끝냈던 것이다.

> 기묘년 봄에 또다시 상부(相府)에 들어간 일이 있는데 오가는 사이에 모두 은근히 위문하여 주었다. 겨울에는 조의(朝議)로 다시금 용(鏞)을 경전(經田)하는 일에 기용하자는 논의가 이미 결정되었는데 서용보(徐龍輔)가 극력 이를 저지시켰다. 이해 봄에 나는 배를 타고 습수(濕水)를 거슬러 올라가 충주의 선산을 성묘하였고 가을에 용문산에서 노닐었다. 경진년(1820) 봄에 배를 타고 산수(汕水)를 거슬러 올라가 춘천(春川) 청평산(淸平山)에서 노닐고, 가을에는 용문산에서 노닐었으니 산택(山澤) 사이에서 소요하면서 끝을 맺은 것이다.

이 시기에 다산은 두 번에 걸쳐 입궐한 일이 있다. 한번은 1830년 5월에 효명세자(孝明世子)의 치병을 위해서요, 또 한 번은 1834년 11월에 순조의 병을 다스리기 위해서였다. 이 모두가 그의 말년이 겨우 유의(儒醫)로서 쓰였다는 데에 일말의 적막감을 느끼게 한다.

그러나 끝내 그를 알아주는 이 없었으니 그는 스스로

> 아는 자는 이미 적고 꾸짖는 자만 많으니 만일 천명이 윤허하지 않는다면 비록 횃불로 불태워버려도 좋을 것이다.

라 할 정도로 비분한 감회를 토로하기도 하였다.

○ 다산이 신영로에게 준 글에서는,

"이제 나는 죽을 날이 멀지 않다. 어느 해에 혹시 이들 여러 책
을 가지고 영남에 가는 자가 있거든 바라건대 제군자는 넓은 아
량과 두터운 덕으로 사람 때문에 이를 버리지 말고, 말을 수용
하여 이를 취하도록 하라. 자갈은 도태하고 내 글을 채택하여
그중에서 백에 하나라도 남겨준다면 이로써 흔적이라도 남을
것이니 바라건대 아마도 더러운 찌꺼기도 용납해준 성덕이 될
것이외다"라 하여 구구하게 자기 저술의 유포를 갈구하였다(『담원
국학산고』, 101쪽).

다산은 75세를 일기로(1836) 2월 22일 신시에 조용히 세상을 떠
나니 미리 그의 죽음을 알아차린 그는 함집(咸集)한 족친(族親)과 제
회(齊會)한 문생(門生)들에게 평상시와 다름없이 지시하고 염연(恬然)
히 서거하였다.

그는 "송종(送終)의 모든 절차는 다 내 유명을 따르도록 하라" 하
고 한 걸음 더 나아가 "살았을 때 양지(養志)하여 주지 않고 죽어서
도 준지(遵志)하지 않으면 모두 다 효가 아니다"(『정다산전서』, 「연
보」)라 하면서 자기의 유명을 따르도록 하였다. 유명인즉 그의 상의
절요(喪儀節要)에 따른 후장(厚葬) 아닌 절장(節葬)의 요식(要式)을 따
르도록 했음은 다시 말할 나위도 없다.

그의 사후 오랫동안 잊혔던 다산에게 융희 4년 경술년(1910) 7월
18일에 정헌대부(正憲大夫) 규장각제학(정2품)을 추증하고 시호를 문
도공(文度公)이라 하였다.

1937년에 비로소 그의 문집인 『여유당전서』 76책이 간행되니, 이로써 그의 문운은 새로운 길이 트이게 되었던 것이다.

제 2 장

철학사상

1. 천명관

다산은 그의 천명사상의 전개에 있어서 당시 송유—정주학파—들이 가졌던 천명관에 대하여 획기적인 전환을 시도하였다.

그것은 한마디로 말해서 이법천(理法天)에서 상제천(上帝天)에로의 전환을 의미한다.

송유나 다산이나 다 같이 그들의 천명관은 인성론의 철학적 근거로서의 천명이라는 점에 있어서는 공통된 입장에 서 있다.

○ 유가의 천명에는 정치적 천명과 윤리적—도덕적 천명과의 두 가지 천명이 있다. 전자는 인성 밖에 존재하는 천명이지만, 후자는 인성 안에 존재하는 것으로서 존재한다. 여기서 문제 삼고자 하는 것은 후자인 것이다. 다산은 이 점에 대하여 다음과 같이 설파한 바 있다. "천명에는 부성지명(賦性之命)이 있고 득위지명(得位之命)이 있다."(『시경강의』) 부성지명은 윤리적이고 득위지명은 정치적임은 다시 말할 나위도 없다.

정주학파들은 그들의 『중용』주에서 "성즉리야(性卽理也)"라 하여 "인성은 곧 천리"라 한 데 대하여, 다산은 이를 비판하기를 "리란 본래 무지·무능한 자인데 어찌 명계(命戒)할 수 있겠느냐"고 반문한다.

> 이제 명(命)·성(性)·도(道)·교(敎)를 모조리 일리(一理)에로 돌아가게 한다면 리란 본래 지(知)가 없고 또 위능(威能)도 없으니 어찌 계신(戒愼)할 수 있으며 공구(恐懼)할 수 있을 것인가(『중용자잠』).

요컨대 정주학파들의 천리설은 상제로서의 인격신적 존재를 부인하는 자요, 그것은 오로지 이법으로서만 존재하므로 무지·무능한 것이다. 이를 상제설적(上帝說的) 입장에서 따진다면 무신론적이다. 그러므로 천리설의 범주 안에서는 상제는 발붙일 자리가 없다. 다산이 다시금 잊혔던 상제천을 되살려내려는 까닭은 바로 여기에 있다.

천명이란 정녕코 인격신적 상제의 명령임에 틀림없다는 것이다. 그것은 어디까지나 윤리적 명계(命戒)라는 제약과 한계를 지니고 있지만……

> 대개 사람이 배태되자마자 하늘은 그에게 영명무형지체(靈明無形之體)를 부여하니 그 됨됨은 낙선오악(樂善惡惡)하고 호덕치오(好德恥汚)하니 이를 일러 성(性)이라 한다(『중용자잠』).

에서 보는 바와 같이 천명이란 본시 영명무형하여 형체를 갖춘 자가 아니지만 낙선오악(樂善惡惡)하고 호덕치오(好德恥汚)하는 윤리적 기능을 갖추고 있는 것이다.

윤리적 천명은 앞서도 지적한 바 있듯이 인성 내 존재로서 인성과 공생(共生)・공존(共存)한다. 그러므로 다산은 다음과 같이 지적한다.

> 천명은 생을 부여받았을 때부터 이 성(性)이 주어졌을 뿐만이
> 아니라 원래 무형(無形)한 체(體)와 묘용(妙用)의 신(神)이 동류(同
> 類)로서 상입(相入)하고 상감(相感)한다(같은 책).

라 했듯이 천명은 인성과 더불어 한 자리에서 상입(相入) 상감(相感)
하는 관계인 것이다. 그러므로 그는[상제천(上帝天)] 신명무형지체(神
明無形之體)로 존재한다. 여기에 다산의 유신론적 입장이 굳혀져 있
음을 본다.

송유들에 의하여 "상제천[신(神)]은 죽었다"고 한 것을 다산은 "상
제천은 여기 살아 있다"고 외친다.

그러나 다산에 의하여 소생한 상제천은 언제나 인성과 더불어 존
재하며 그것은 도심의 형태로 존재한다.

> 도심과 천명은 실로 나누어서 보면 안 된다. 천(天)의 내게 대한
> 경고는 우레로써 하지도 않고 바람으로써 하지도 않고 밀밀(密
> 密)히 자기 마음을 따라서 정녕(丁寧)히 고계(告戒)한다(같은 책).

라 했듯이 천명은 우레・바람 같은 외적 자연현상으로 현현하는 것
이 아니라 자기심중(自己心中)에서 은밀히 나에게 경고함으로써 그의
존재를 확인하게 한다.

그러므로 다산은 다음과 같이 말하고 있다.

> 천(天)이 성을 부여했을 무렵에 이 명(命)도 있었고 또 생활하는
> 날 따라 시시각각으로 이 명(命)이 있으나 천은 순연(諄然)히 명

할 수도 없는데 그것은 불능한 것이 아니라 천의 후설(喉舌)은
도심에 기착(寄着)하여 있으니 도심의 경고하는 바는 황천의 명
계(命戒)하는 바인 것이다(같은 책).

여기서 우리가 유의할 점은 천명은,

첫째, 인간이 태어날 때—생명이 배태된 그 순간부터 인성과 더불
어—어쩌면 인성 안에—존재하며

둘째, 천명은 활성적 현재진행형으로—시시각각 존재하며

셋째, 도심에 기착(寄着)하여 존재하므로 도심의 경고와 황천의 명
계는 동일자의 다른 표현에 지나지 않는다는 것이다.

이는 다산의 '천명기재도심설(天命寄在道心說)'(『다산경학사상연구』
63쪽)로서 천부양심설(天賦良心說)의 상제설적—유신론적—설명이라
할 수 있을 것이다.

여기서 우리는 정주학에서 성즉리설(性卽理說)에 근거한 성리학이
성즉천명설(性卽天命說)에 의하여 성명학(性命學)으로 바꾸어졌음을
볼 수 있을 것이다. 그러므로 우리는 성리학과 성명학은 한 단어로
서의 차이뿐만 아니라 그들이 지닌바 철학적 입장도 크게 다르다는
사실을 지적하지 않을 수 없다. 전자의 천리는 형이상학적 존재자—
선험적 존재—로서 인식되지만 후자의 천명은 종교적 신앙—도덕률
의 지상명령자—의 대상으로서 요청되는 존재자인 것이다. 그러므로
다산은 천명을 섬겨야 하는 하나님—사천(事天)—으로서 다음과 같
이 이해하고 있다.

사람들은 듣지 못하지만 나 홀로 똑똑히 들으니 보다 더 상세하
고 보다 더 준엄한 자 없으며 조서(詔書)와도 같고 교회(敎誨)와

도 같으니 어찌 차근차근 일러줌에 그치랴.……천명을 본심에서 구하는 것은 성인이 하늘을 소연(昭然)히 섬기는 학인 것이다(같은 책).

그러면 어떻게 섬겨야 하는가.

고인(古人)은 일심(一心)으로 천(天)을 섬기고 감히 기이(岐貳)함이 없고 감히 환오(歡娛)함도 없었다(「심경밀험」).

옛 사람들은 하나님의 존재를 의심하지도 않았고 함부로 다루지도 않았으며 오로지 한마음—진심—으로 섬길 따름이었고,

고인은 실심(實心)으로 천(天)을 섬기고 실심으로 신을 섬기니 일동일정(一動一靜)하거나 일념이 싹틀 때 혹 참되기도 하고, 혹 거짓되기도 하며, 혹 선하기도 하고, 혹 악하기도 하니, 이를 경계하여 말하기를 '날로 감시하되 거기에 계시니라.' 그러므로 계신공구(戒愼恐懼)하는 것이니 신독(愼獨)하는 공은 진절(眞切) 독실(篤實)하여 그로써 천덕(天德)에 도달한다(『중용강의』).

실심은 진심으로서 진실된 마음으로 하늘을 섬김은 곧 천명이 날마다 여기서 감시하기 때문이다. 무소부재(無所不在)한 천명의 존재를 전제하고 있다.

조심조심하는 마음으로 상제를 뚜렷이 섬기니 항상 신명(神明)이 옥루(屋漏)에 뚜렷이 임하여 계신 듯하다(『중용자잠』).

라 함도 신앙적 대상으로서의 천명의 절대적 존재를 전제로 하고 있는 것이다.

다산의 종교적—윤리적—천명사상은 송유들의 천리사상과 불상용(不相容)의 대칭적 의미를 지니고 있다는 사실은 이미 위에서도 언급한 바 있거니와 그렇다면 이러한 새로운 의미로서의 다산의 천명사상은 어디로부터 연유하였는지 자못 궁금한 점이 아닐 수 없다.

이에 대하여는 두 가지 입장이 있을 수 있다. 하나는 당시 유포된 천주사상이오, 다른 하나는 선진시대의 고전적 상제사상을 들 수가 있다.

다산이 일시 천주교서를 탐독한 것은 그의 자찬묘지명에서 "4·5년 동안 자못 마음을 기울였다[四五年頗傾心焉]"라 한 구절에 의하여 알 수 있는 일이지만 그렇다고 해서 그의 경설(經說)에 얼마만큼의 천주설을 원용하였느냐에 대하여는 자신이 어디에서나 이에 대하여 언급한 바 없으므로 아무도 이에 대하여 긍정적으로 단언할 수가 없다.

그러나 이 점에 관하여 많은 관심을 기울이고 있는 학자들 간에서는—그가 천주교리를 신봉하는 자이거나 아니면 순수한 종교학자 또는 철학자이건 간에—다산경설에 있어서의 천주설에 대하여 천주교리에서의 많은 영향 아니면 시사를 받았으리라는 점에 있어서 거의 의심하지 않으려는 태도를 갖는다.

물론 다산의 상제는 천주교에 있어서의 천주와는 같지 않다. 그러나 정주학자(程朱學者)들의 무신론적 입장에서 일약 유신론적 입장을 취한 다산의 학문적 신념은 다분히 천주교리의 유신론적 입장에서 크게 시사를 받았으리라는 사실은 최소한 수긍해도 좋을 것이다.

그러나 다산의 상제설은 그보다도 더 중요한 의미를 갖는다. 그것은 다름 아니라 다산경설 그 자체가 이미 온통 수사학적(洙泗學的) 선진유학(先秦儒學)에 기반을 두고 있는 만큼 그의 천명관도 모름지기 그러한 입장에서 재정립했을 것임은 의심의 여지가 없다. 다시 말하면 선진시대의 고전인 『시』·『서』 등에 나오는 상제설에의 회귀를 시도한 것으로 보는 입장이다. 그러한 다산의 근본적 입장이 당시에 있어서의 천주교리와 어느 일면에 있어서는 우합(偶合)될 가능성은 충분히 있다.

왜냐하면 선진유학에 있어서의 상제설 그 자체가 이미 서구적 천주설과도 그가 지닌바 유일신으로서 기능에 있어서는 서로 상통되는 점이 적지 아니 있기 때문이다.

그러므로 다산의 상제설은 거기에 비록 천주교적인 일면이 있다손 치더라도 이에 대한 기본적인 이해는 원시유교(原始儒教)의 고전적 성격의 이해에서 얻어져야 함은 다시 말할 나위도 없다. 따라서 몇 고전적 의미를 간추려 보면 다음과 같다.

첫째, 내재적 천명(상제)으로서 그것은 윤리적이요, 심성론적(心性論的)이다.

> 천명은 이 인간에게 부여해 준 소이(所以)니 성의 호덕(好德)함이 곧 명이다(『논어고금주』).
> 심성에 부여하니 향선위악(向善違惡)하게 하는 것이 본래 천명이다(같은 책).

둘째, 외재적 천명(상제)으로서 그것은 숙명론적이요, 종교적이다.

> 사생·화복·영욕에 또한 명이 있다(같은 책).
> 날마다 감시하심이 여기 계시며 이로써 복선화음(福善禍淫)함도 또한 천명이다(같은 책).

고전적 상제는 외재적 존재에서 점차 내재적 존재에로 옮겨지고 있다. 그러나 수기지학(修己之學)에서는 내재적 상제로서 존재하며 치인지학(治人之學)에서는 외재적 상제로서 존재한다고 보는 것이 아마도 상제에 대한 온당한 이해라 해야 할는지 모른다.

그러나 다산경학에 있어서의 천명은 어디까지나 인성 안에 존재하는 것으로서의 천명이기 때문에 다음에 이어서 인성론을 살펴보지 않을 수 없다.

○ 다산의 역론(易論)에서 "역은 어찌하여 지으셨는가. 성인이 천명을 청하여 그 뜻에 순응하기 위해서다"라 하여 순천지도(順天之道)의 근원으로서의 천명을 이해하고 있다. 이는 복선화음(福善禍淫)의 천명이란 점에서 외재적이오, 인성 안에 존재하는 것으로서의 천명과는 구별되는 자로서 더욱이 외재적·정치적 천명과도 구별되는 자가 아닐 수 없다.

2. 인성론

성리학적 인성론에서 성명학적 인성론에로의 전기를 마련한 다산의 인성론은 많은 측면에서 독자적 전개를 시도하고 있다.

첫째, 다산은 그의 성설에서 성기호설(性嗜好說)을 확립해 놓았다. 그는,

> 성이란 심이 기호하는 것이다(『중용자잠』).

라 하였고, 또 그는 기호 그 자체가 성(性)이라 하기도 한다.

사람들이 항상 말하기를 "내 성(性)은 회자(膾炙)를 즐긴다." "내 성은 쉬고 썩은 것을 싫어한다." "내 성은 음악을 좋아한다." "내 성은 개구리 소리를 싫어한다." "사람들은 본래 기호하는 것을 성으로 삼기 때문이다"(같은 책)라 한 것은 이를 두고 이른 말이다. 이렇듯 성을 단순히 기호로써 설명하는 것은 일반론적인 해석으로서 인·물(동식물)이 다르지 않다. 다시 말하면 동식물의 성도 오로지 기호로써 설명할밖에 없다. 그러므로 다산은,

천명의 성도 또한 기호로써 말할 수 있다(같은 책).

라 한 것이다. 그러나 인(人)과 물(物)은 엄연히 구별되어 있고 구별
되어야 한다. 그러면 어디에서 그들이 서로 다름을 찾아내야 할 것
인가. 이 점을 밝히기 위하여 다산은 기호에는 영지지기호(靈知之嗜
好)와 형구지기호(形軀之嗜好)가 있음을 다음과 같이 설명한다.

성이란 기호인 것이니 형구의 기호가 있고 영지의 기호가 있으
니 이를 성이라 이른다(「묘지명」).

형구나 영지나 다 같이 기호의 성임에는 다름이 없다. 그러나 그
들은 다음과 같이 구별된다.

이목구체(耳目口體)의 기호를 성이라 하는데 이는 형구(形軀)의
기호요, 천명의 성은 천도와 더불어 성선한 진성의 성이니 이는
영지(靈知)의 기호인 것이다(같은 글).

라 한 것을 보면 형구의 기호는 생리적(生理的)—동식물적—인 것이
지만, 영지의 기호는 윤리적(倫理的)—도덕적—인 것이라 할 수 있다.
그러므로 영지의 기호는 좀 더 구체적으로 다음과 같이 설명할 수가
있다.

대개 사람은 이미 태어나자마자 천은 그에게 영명무형(靈明無形)
한 체를 부여하였으니 그 물(物)됨은 낙선오악(樂善惡惡)하고 호
덕치오(好德恥汚)하니 이를 일러 성이라 하고 이를 일러 성선(性
善)이라 한다(『중용자잠』).

인간에게 이미 생명이 배태하자마자 형구와 함께 영명무형의 체가 품부되는데 그것은 곧 도덕적 판단력과 아울러 그것에 대한 기호가 생득적(生得的)으로 보유되게 된다는 것이다. 인간이 금수와 구별되는 소이는 바로 여기에 있다. 그것은 천명이 인성 안에 깃들여 있는 것으로도 설명되며(천명관 참조) 이를 일러 도심(道心)이라 이르기도 한다. 도심과의 상대적 의미로 쓰이는 인심(人心)은 곧 형구의 기호에서 연유하는 자가 아닐 수 없다.

유가의 인성론에 있어서는 인성(人性)과 금수성(禽獸性)—동물성(動物性)—물성(物性)—과의 구별은 윤리적으로 중요한 의미를 가진다. 이 문제를 다루는 학설에 소위 인물성동이론(人物性同異論)이 있다. 다시 말하면 인성과 물성은 근본적으로 같다는 주장과 서로 다르다는 두 가지 주장이 맞서 있다.

다산은 후자—다르다는—의 입장에 서 있으면서도 이에 대한 논리적 설명에 있어서는 전통적인 정주학파의 그것과는 다르다는 사실에 주목해야 할 것이다. 다시 말하면 정주학파의 주장과는 다른 점을 밝히는 것이 거꾸로 다산 성설(性說)을 이해하는 첩경이 될는지 모른다.

우리는 앞서 다산성설은 기호설에 입각하면서 그것이 인간에게 있어서는 호선오악(好善惡惡)하는 윤리적 기호로 현현됨을 보아 왔다. 그것을 영지의 기호라 하거니와 이에 근거한 성을 다산은 도의(道義)의 성이라 이른다. 도의의 성은 인간만이 지님으로써 그것은 금수의 성과 구별되는 자가 아닐 수 없다.

여기서 소위 인간존재를 관조한다면 인간이란 도의(道義)·금수(禽獸)의 양성(兩性)을 공유한 존재로 이해된다. 다시 말하면 도의·금수의 양성에 의한 이중 구조적 존재인 것이다. 그것은 마치 인간이란 도심과 인심의 두 마음을 동시에 인간 내 존재로서 공유하고 있는 것으로 설명하는 정주학파들의 입장과도 비슷하다.

○ 금수에게는 도의지성은 전무하며 오직 금수지성이라는 단일성만을 보유한다.

그러나 정주학파들의 인성론에 있어서는 이러한 도의·금수라는 이중 구조적 인성론이 아니라 독자적인 본연(本然)·기질(氣質)의 양성론이 정립되어 있다.

○ 우노 데쓰진(宇野哲人)의 주자(朱子) 성설(性說)에 대한 설명이 간명하므로, 다음에 이를 인용(引用) 역출(譯出)한다.

주자는 횡거 및 이천을 조술(祖述)하여 인성을 본연·기질로 나누어 설명하고 있다. 대체로 만물은 이기이원(理氣二元)으로 되어 있으며, 기(氣)가 모여 이 형이 되었고 리(理)도 또 여기에 갖추어 있는 것이다. 그리하여 리에서 말한다면 만물일원(萬物一元)으로 인과 물과의 구별은 없다. 이를 본연지성이라 한다. 곧 본연지성은 성인과 동일할 뿐만이 아니라 인과 물과도 또한 동일하다. 다음 기에서 말한다면 그의 정(正)한 자는 인이 되고 편(偏)한 자는 물이 된다. 동일한 인이라 할지라도 성인의 기는 청(淸)하되 범인의 기는 비교적 탁(濁)하여 있다. 이를 기질지성이라 한다. 곧 기질지성에서 말한다면 인과 물은 구별될 뿐만이 아니라 성인과 범인과도 또한 차별이 있다. 그러나 이론상 본연과 기질은 나누어서 설명하지만 둘은 따로 독립해서 존재하지 않으며 반드시 상의(相依) 상대(相待)하는 것이다. 비유컨대 본연지성은 물과 같고 기질지성은 그것을 담은 그릇과 같아서 그릇이 없으면 물을 담을 수가 없으니 기질지성이 없으면 본연지성은 의지할 수가 없을 것이다. 성인의 기질은 청(淸)하기 때문에 본연의 빛이 흐려지는 일이 없지만, 범인의 기질은 탁(濁)하기 때문에 부정(不淨)한 그릇에 담은 물이 보이지 않는 것과 같다. 인간이 불선(不善)한 것은 곧 기질이 혼탁하기 때문이다. 그러나 기질은 수양에 의하여 이를 변화시킬 수가 있다. 이 점에 있어서는 횡거 및 이천의 논(論)과 같다[『지나철학사강화(支那哲學史講話)』].

흔히 정주학파들의 본연지성은 순선무악(純善無惡)하므로 다산의 도의지성(道義之性)에 해당되는 것이 아니냐 하는 의문이 있을 수 있으나 다산의 본연지성에 대한 비판을 보면 이들은 결코 서로 같을 수가 없다.

"본연지성은 본래 불서인 『능엄경』에서 나왔다"(『논어고금주』)라 한 것은 송학(宋學)이 불서, 특히 화엄학의 영향을 크게 받고 있다는 근세학자들의 견해에 앞서 있음을 보여주는 한편 다산이 본연지성에 동조하지 못하는 이유는 차라리 그의 인물동성(人物同性)의 입장에 있다고 해야 할 것이다.

그러므로 그가 말하기를

사람이 죽으면 소가 되고, 소가 죽으면 불벌레가 되고, 불벌레가 화(化)하여 다시금 사람이 되니 세세생생(世世生生)하여 윤전(輪轉)이 끝이 없으니 이는 소위 본연지성이라 인·물이 다 같은 것이다(같은 책).

그러므로 다산은 이러한 본연지성은 결코 본래적인 유학의 본질에 저오(牴牾)되므로 이에 따를 수 없다는 것이다.

불교에서는 인·물이 동성(同性)하므로 사람이 죽으면 소가 되고 개가 죽으면 사람이 되니 윤회하여 돌고 돌아 생생하되 궁하지 않는다. 대개 송현(宋賢)들이 성을 논하되 많이 이 병에 걸려 있으니 비록 본의는 또한 낙선구도(樂善求道)하는 고심에서 나왔다 하더라도 수사(洙泗)의 구론(舊論)과는 혹 서로 저오(牴牾)되는 것이니 감히 다 따를 수 없다(『맹자요의』).

따라서 본연지성은 다산의 도의지성과는 판연(判然) 부동한 것임을 알 수 있다. 다산의 도의지성은 오히려 물성과는 상대적인 면에서 인간만이 지니는 오히려 인간조건이 되는 것이기 때문이다.

본연지성뿐만이 아니라 기질지성과 다산의 금수지성과도 크게 다른 자임을 지적하지 않을 수 없다.

소위 기질지성이란 지각·운동·식색 등의 동물적 본능—형구지기호—으로서 그것에 청탁수박(淸濁粹駁)과 성범(聖凡)의 차이가 따로 있을 수 없으며, 더구나 윤리적 선악의 구분이 따를 수 없다. 그러므로 다산은

> 기질지성은 요순도 일찍이 그 청명한 것만을 편수하지 않았고 걸주도 일찍이 탁예(濁穢)한 것만을 편수하지 않았다. 그의 본성의 선악과는 아예 무관한 것이다. 선유들은 매양 기질청탁을 선악의 본으로 여기니 아마도 엇나간 점이 없지 않을 것이다(『논어고금주』).

라 하였고 또,

> 사람의 성은 다못 그것이 인성의 일부요 견우(犬牛)의 성은 자못 그것이 금수성의 일부니 대개 인성이란 도의(道義) 기질(氣質)의 이자(二者)가 일자(一者)로 된 것이오, 금수성이란 순수한 기질지

성일 따름이다.

라 하였으니 인간이란 본시 도의지성으로서 절대적인 인간조건으로 삼고 있기는 하지만 동시에 기질지성을 공유하고 있음으로써 영지지기화[도심(道心)]뿐만이 아니라 형구지기화[인심(人心)]라는 생리적 존재이기도 한 것이다. 이 점에 있어서는 요순(堯舜, 성인)과 걸주(桀紂, 범인)의 차이가 없다는 것이다.

다못 금수[동물]만은 오직 기질지성만을 소유했을 뿐이므로 그들에게는 선악의 표준(도심)마저도 없는 것이다. 그러므로 기질지성과 선악과는 아무런 관계가 없는 것이다. 다못 기질지성에 의한 식색(食色) 그 자체에 선악이 있는 것이 아니라, 식색의 과불급(過不及)과 중용에 의하여 선악이 분기되기 때문에, 다음으로 우리는 유가의 중론(中論)을 살펴보아야 할 것이다.

3. 중론

유가의 중(中)사상에는 시중론(時中論)과 정중론(正中論)이 있는데, 시중론은 실천윤리규범으로서의 중이오, 정중론은 천지자연의 역리(易理)로서의 중이다. 다산에 의하여 이 양자는 성중론(誠中論)으로 통합되기에 이르렀다.

시중론의 전개는 중용서에 의하여 이를 살펴볼 수가 있다. 여기서도 우리는 정주학파들의 풀이와는 다른 다산의 독자적 입장을 추적해야 할 것이다.

다산은 실천규범으로서의 중용의 '용(庸)'자에 대한 정주학파들의 해석에 대하여 근본적으로 다른 견해를 가지고 있다.

주자는 '용'을 주석하되 '평상지리(平常之理)'라 하였는데, 다산은 평상지리는 결코 성인의 지덕(至德)일 수는 없으므로 용의 뜻은 따로 다른 데에서 찾아야 할 것이라 하였다. 곧 용덕(庸德)은 항덕(恒德)이오, 상덕(常德)인 것이다.

상(常)의 뜻에는 세 가지가 있으니 하나는 '항상(恒常)'이요, 둘은 '경상(經常)'이요, 셋은 '평상(平常)'이다. ……평상이란 『매씨서전(梅氏書傳)』에 "삼백 리의 오랑캐는 평상의 가르침을 고수한다[三百里夷守平常之敎]"라 하고, 『후한서』 「중장통전(仲長統傳)」에 "늘 옛 관습을 따르는 자는 시골구석의 보통사람이니 삼공의 지위에 자리하기에는 부족하다[謂循常習故者 乃鄉曲之常人 不足以處三公之位]"라 한 것이 그것이니 평상(平常)이 어찌 지덕(至德)으로 될 수 있겠는가. 그러므로 구현선덕(求賢選德)은 반드시 비상(非常)・불상(不常)・이상(異常)・초상지사(超常之士)를 표준으로 삼아야 할 것이니 하물며 평상을 가르침으로 삼을 수 있을 것인가(『중용강의』).

우리말로는 '꾸준함'이니 이는 지성(至誠)으로도 통하는 길이 아닐 수 없다. 유가의 자연(천)의 도는 노자의 무위자연(無爲自然)의 도와는 상대적으로 자강불식[건(乾)]의 도다.

그것은 항구불식(恒久不息)의 도라고도 이를 수 있기 때문에 항도(恒道)요 상도(常道)가 아닐 수 없다. 용덕을 항덕(恒德)과 상덕(常德)으로 해석하는 근거가 여기에도 있는 것이다. 용덕을 평상지덕[리(理)]으로 풀지 않고 때에 따라서는 비상・불상・이상・초상지덕으로도 이해하여야 한다면 중의 덕도 결코 평범한 덕일 수는 없다. 중이란 '무과불급(無過不及)'의 덕이라 이른다면 자칫 대소(大小) 후박(厚薄)의 중간자로 이해하기가 쉽다. 그러나 중덕은 그러한 중간자(상중하의 중품)이거나 과불급의 양단(兩端)이 아니라 대・소・후・박 중 어느 하나(유일자)로서의 지선자(至善者)인 것이다.

만일 사람들의 말 중에서 그의 양단을 쥐고 그의 대소 후박을 비교 상량(商量)하여 그의 중품을 채용한다면 마땅히 커야 하고, 마땅히 후해야 할 것을 또한 그것이 부중(不中)이라 하여 버려야

할 것인가. 중이란 지선이 깃들여 있는 것이니 극대(極大) 극후
(極厚)하여 득중(得中)하는 것도 있고 극소(極小) 극박(極薄)하여
득중(得中)하는 것도 있다(『중용자잠』).

그러므로 사생취의(捨生取義)·살생성인(殺生成仁)·모난순자(冒難殉
死)의 극단적 행위도 중일 수 있는 것이다. 당지이지(當知而知)할 뿐
만이 아니라 당용이용(當用而用)함으로써 중의 덕은 실천될 수 있음
은 이 까닭인 것이다.

이러한 입장에서 다산은 시중의 뜻을 다음과 같이 설명하고 있다.

시중이란 도는 잠시도 떨어질 수 없다는 것이다. 군자는 계신공
구하며 항상 신독의 공부를 하므로 처심(處心)하되 감히 부중정
(不中正)하지 않을 수 없으며 처하(處事)하되 감히 화평하지 않을
수 없으니 때에 따라 득중(得中)하고 때에 따라 중(中) 아님이 없
다(같은 책).

군자는 상행신독(常行愼獨) 수시득중(隨時得中)해야 하므로 그를 시
중군자(時中君子)라 이른다. 시중이란 곧 수시(隋時) 상행(常行)해야 하
는 실천 규범임을 이로써 알 수 있다. 그러므로 시중지도(時中之道)는
바로 실천윤리의 도라 이르는 까닭이 여기에 있다.

여기서 한 가지 더 살피고 넘어야 할 문제는 중용에 대한 정주학
파들의 천리설의 부정이다. 주자는 이르기를,

중용이란 불편불의(不偏不倚)하고 무과불급(無過不及)하되 평상지
리(平常之理)니, 이는 천명의 소당연(所當然)이요, 정미의 극치
인 것이다. 군자는 능히 이를 체득하고 소인은 이와 상반된다(『중
용장구』 주).

라 하였으니, 이는 소당연의 천명지리(天命之理)라는 점에 선험적 존재로 이해되며, 그러기에 군자는 이를 체득하여야 한다.

그러나 다산의 중용은 일상적 실천의 결과로서 얻어지는 것에 지나지 않는다.

> 안자는 매양 한 가지 일을 만나면 의리를 상탁(商度)하고 중선(衆善)을 진열하며 그중에서 제 1등 의리를 골라 견수(堅守)하되 잃어버리지 않는다. 불천노(不遷怒)나 불개락(不改樂)과 같은 것은 중화(中和)의 유상자(有常者)인 것이다(『중용자잠』).

매양 한 가지 일에 부딪쳐 의리를 상탁(商度)하고 굳게 지켜 잃지 않는 실천을 통하여 중화의 상덕(常德)은 얻어지는 것이다. 천명의 체득이 아니라 의리의 실천인 것이다. 그러므로 다산은,

> 악이란 과불급을 논한 것이오, 선이란 득중(得中)을 논한 것이다(『중용자잠』).

라 하여 과불급도 실천·실행의 과불급이오, 득중도 실천행위의 득중임을 분명히 하고 있다.

여기서는 다산은 정주학파들이 제시한 형이상적 천리의 세계에서 벗어나 실천윤리학으로서의 수사학에로의 복귀를 시도하고 있는 다산경학의 일 단면을 엿볼 수 있다.

실천윤리로서의 시중은 지행의 무과급(無過及)이지만

공자는 말하기를 "도가 행해지지 않음을 나는 알고 있다. 지자
는 지나치고, 우자는 불급한다. 도가 불명함을 나는 알고 있다.
현자(賢者)는 지나치고 불초자(不肖子)는 불급한다."(『중용』)

자연법칙—우주원리—으로서의 정중(正中)은 음양의 대대적(待對
的) 상응을 가리킨 것이다. 이를 우리는 역리(易理)라 이른다. 정중은
역리의 정중인 것이다.

역리는 이법인 이상 거기에는 상제(上帝)는 존재하지 않는다. 그럼
에도 불구하고 역리를 기초로 하는 복서(卜筮)에 있어서는 어찌하여
이를 순수천명의 학이라 이르는 것일까.

역은 무엇 때문에 지었을까. 성인이 천명을 청하여 그의 뜻에
순응하기 위해서인 것이다(「역론」).

역리란 곧 상제천의 이법적(理法的) 구현이라 이를 수밖에 없다.
상제천은 그의 의사를 구설(口舌)이나 수족(手足)이 없으므로 역법으
로 표현한다. 마치 실천윤리학에 있어서 상제천은 자신의 모습을 도
심으로 나타냄과 그 규를 같이한다.

도심은 그의 모습을 낙선치오(樂善恥汚)하는 기호로 나타내지만 역
리로서의 천명은 이를 괘상(卦象)으로 나타낸다. 그러므로 역에 있어
서의 괘상(卦象)은 흡사 삼라만상(森羅萬象)을 방불하게 나타내는 것이
기는 하지만 그것은 곧 천명이 깃들인 만물의 상이 아닐 수 없다.

그렇다면 역리의 본질은 어떻게 설명되어야 할 것인가. 여기에 다
산 역리(易理)의 독자적 면모가 있다.

○ 백인백역(百人百易)이라 이를 만큼 다양한 역리의 해석을 명쾌하게 정리하여 원시역(原始易)의 면모를 다시 찾아낸 데에 다산역학(茶山易學)의 공적이 있다고 해야 할 것이다.

다산은 정중의 기본이 되는 음양양의의 상학적(象學的) 근거를 일월에 두고 있다. 상학적 입장에서 볼 때 일(日)은 태양의 상이오, 월(月)은 태음의 상으로서 만상 중 일월이야말로 가장 뚜렷한 태양·태음의 상인 것이다. '역(易)'자도 결국 이를 파자하면 일월(日月)이오, 일월의 합자인 '역(易)'자는 또한 변역(變易)의 의미를 간직하고 있음에 우리는 유의해야 한다. 이는 역이란 변화의 학이오 그것은 곧 음양변화의 학이다. 일월교체(日月交替)·사시상추(四時相推)·오세재윤(五歲再閏)도 애오라지 자연현상의 변화가 아닌가.

이로써 추리하면 정중이란 역리의 기본인 음양(陰陽)의 정중이다. 그러므로 태극은 곧 정중지상(正中之象)의 극치라 이를 수 있다. 그리고 태극이란 음양정중(陰陽正中)의 태일지상(太一之象)이 아닐 수 없다. 태일이란 단순한 수리로서의 일자(一者)가 아니라 양자의 태일지형(太一之形)으로서의 일자(一者)다. 그러므로 $1=1$이 아니라 $1+1=1$인 것이다.

여기서 다산은 상하 좌우가 방정한 사정괘상(四正卦象)을 추리하여 64괘의 기본으로 삼았다. 태극(太極)은 음양의 정중이지만 팔괘(八卦) 중에서의 정중괘(正中卦)라고 할 수 있다.

사정괘(四正卦)는 건(乾, ☰)곤(坤, ☷)감(坎, ☵)리(離, ☲)요, 물상(物象)으로서는 천지수화(天地水火)다.

복희 팔괘에는 원래는 사정(四正) 사편(四偏)이 있으니 천지수화(天地水火)는 정방(正方)의 괘요, 풍뇌산택(風雷山澤)은 편기(偏敧)의 괘인 것이다(『중용강의』).

천지수화는 역의 사정(四正)이다(「이씨절중초」).

다산은 상수학적 면에서 건곤(乾坤) 강유(剛柔)의 상이 64괘에 고루 분부(分賦)되어 있고 감리(坎離)의 수가 복체(伏體)로서 64괘를 점거하고 있음을 볼 수 있다고 하였다(『다산경학사상연구』, 142쪽). 이렇듯 4정괘가 64괘의 전부를 통할하고 있기 때문에 4정괘를 역의 사주(四柱) 또는 사유(四維)라 하는 것이다. 그러므로 사상(四象)이란 다름 아닌 천지수화인 4정괘의 상인 것이다.

사상이란 설사(揲四)의 이름인데 그가 상징하는 것은 천지수화다. 태양·태음·소양·소음이 아니니, 태양·태음·소양·소음이란 그것은 9·6·7·8의 이름이다(「잡괘명의」).

그러므로 우리는 여기서 시중의 중은 지행(知行)의 무과불급(無過不及)을 이른다면 정중(正中)의 중은 음양의 불편불의(不偏不倚)임을 짐작하게 한다. 4정괘의 상이야말로 천도의 본연의 모습이 아닐 수 없다.

위에서도 이미 언급한 바 있지만 태극에 관해서는 좀 더 몇 마디 더 보태지 않을 수 없다. 그것은 태극이 중과 깊은 관계가 있기 때문이다. 그것은 4정괘의 정중지상(正中之象)보다는 또 다른 형태의 정중지상인지도 모른다.

태극이란 건곤감리(乾坤坎離)처럼 구체화된 정중이 아니라 오히려

그것들이 미분화(未分化)된 상태로서의 태일지형(太一之形)이라고 해
야 할는지 모른다.

> 태극이란 천지가 미분되기의 먼저요 혼돈(渾沌)한 유형(有形)의
> 시작이요 음양의 배태(胚胎)요 만물의 태초다(「사수고점박」).

라 한 것은 이를 두고 이른 말이다. 그러나 태극이란 결코 음양을 떠
나서는 존재할 수 없음은 다시 말할 나위도 없다.

> 태극·양의·사상이란 다 설시(揲蓍)의 이름이오, 태극이란 태
> 일의 형상이오, 양의란 양합(兩合)의 의상(儀象)이요, 사상이란
> 사시(四時)의 상이다(『주역사전』).

라 하였으니 일자(一者)로서는 태극이지만 양자(兩者)일 때는 그것을
음양이라 이를 수밖에 없는 것이 태극인 것이다. 그러므로 음양을
떠나서는 태극이란 아무런 의미도 가질 수가 없다. 오직 음양의 태
일지형일 따름이기 때문이다.

그러므로 다산은 이를 옥극(屋極)에 비유하기도 한다.

> 극(極)이란 옥극의 뜻이니 옥극이란 옥척(屋脊)이다. 일동(一棟)이
> 척(脊)이 되고 상각(象桷)이 분출하니 또한 대연책(大衍策)이 극이
> 되는 것과 같으며 양의사상이 다 이에서 분출한다(『주역사전』).

그럼에도 불구하고 송유들은 태극을 리(理)라 하였으니 다산은 이
에 대하여,

> 소위 태극이란 이는 유형의 시작이요, 그것을 무형한 리(理)라고
> 하는 것은 감히 성오(省悟)하지 못할 일이다. 염계 주선생은 일
> 찍이 그림을 그려 원을 만들었는데 대체로 무형하다면 원이 될
> 수 없다. 이를 그림으로 그릴 수 있겠는가(「사수고점박」).

라 하여 태극리설(太極理說)의 부당성을 지적하고 있다.

태극이란 어디까지나 상징적인 유형의 세계—음양사상 등 만상의
세계— 안에서의 태극이지 그 밖의 무형의 리(理)와는 아무런 관련도
없으려니와 그것을 원형으로 그릴 수도 없을 것이 아닌가라는 의문
을 제시하기도 하였다.

그러나 여기서 주목해야 할 한 가지 사실은 다산은 역도를 음양지
도로 이해하면서도 그 위에 또 다른 주재천(主宰天)을 인정했다는 사
실이다.

> 일음일양(一陰一陽)의 위에 분명히 재제(宰制)의 천이 있는데 이
> 제 드디어 일음일양이 도체의 본이 된다 하니 옳은 일인가(「한
> 강백현담고」).

이러한 다산의 역관은 순천명의 학으로 이해하며 중용의 천명관
에서처럼 상제천의 존재를 긍정적으로 인정하는 입장을 취하고 있
음을 알 수 있다.

이는 송유의 무신론에서 다산의 유신론에로의 전기를 보여주는
것이 아닐 수 없다.

다산의 역리론(易理論)에서 또 하나 지적하고 넘어가야 할 사실은
다름 아니라 다산은 음양오행설[이오지설(二五之說)]에서 음양설만은
취하고 오행설은 취하지 않았다는 사실이다.

천도(天道)는 호대(浩大)하여 물리가 묘은(眇隱)하였으니 쉽게 추측할 수 없다. 하물며 오행은 만물 중의 오물(五物)인 즉 다 같은 물인데 오생만(五生萬)이란 또한 어려운 일이 아니겠는가『중용강의』).

오행의 생성법칙은 애오라지 성립될 수 없음은 다시 말할 나위도 없을 뿐만이 아니라 더욱이 그의 상극법칙은 역리와는 아무런 상관도 없음은 다시 말할 나위도 없다.

수극화(水克火), 화극금(火克金), 금극수(金克水)인즉 역사(易詞)에도 증거가 있다. 목극토(木克土), 토극수(土克水)에 이르러서는 절대로 영향이 없다. 옛날 성인이 실리에 징험하여 점례(占例)로 삼았고 후세의 술수가는 이를 제멋대로 늘리고 덧붙여서 상극상생(相克相生)의 설을 만들었을 따름이다『주역사전』).

이렇듯 그의 오행설에 따른 상생상극설(相生相克說)을 부정하는 태도는 다산을 위시로 하는 많은 조선 후기 개신유학자(改新儒學者)들의 공통되는 입장으로서 주목해야 할 것이다.

다음으로 우리가 다산의 역리론에서 그대로 간과할 수 없는 문제의 하나는 그의 9·6설이라 할 수 있다.

9·6은 변상(變象)이오, 7·8은 불변상(不變象)으로서 순양(純陽)9 순음(純陰)6이요, 소양(少陽)7 소음(少陰)8이라는 것이다.

○ 9란 노양(老陽)이요, 6이란 노음(老陰)이다. 노(老)는 변하지 않음이 없으니 9·6이란 이미 변한 자의 이름이니 불변하면 9·6이 아니다「효변표직설」).
노양9·소양7·노음6·소음8은 현공설(縣空說)이 아니다. 시괘(蓍卦)의 수는 삼천양지(參天兩地)인 까닭에 일획삼설(一畵三揲)했을 때 한 번은 홀수 3을 얻고 두 번은 짝수 2를 얻으면[一得奇再得偶]하면 소양7이 되고 한 번은 짝수 2를 얻고 두 번은 홀수 3을 얻으면[一得偶再得奇] 소음8이 되고 삼설(三揲)하여 모두 기수(奇數)면 노양(老陽)9가 되니 삼서(三揲)하여 모두 우수(偶數)면 노음(老陰)6이 된다「이정조집해론」).

그러므로 당시의 역리론자(易理論者)들은 9·6을 불변상(不變象)으로 간주하였으니 그것은 근본적으로 잘못된 것이오, 변화를 근본 원리로 삼고 있는 역리 그 자체를 이해하지 못했기 때문이라 지적하고 있다.

이러한 사실의 근거는 소위 삼천양지설(參天兩地說)에 있으니 천수(天數)—양수(陽數)—는 3이요, 지수(地數)—음수(陰數)—는 2라는 것이다. 이를 뒷받침하는 이론이 소위 삼분손일설(三分損一說)이다.

삼천양지(參天兩地)란 삼분손일(三分損一)인 것이다「한위유의론」).

양획(陽畫一)을 삼분손일(三分損一)하면 음획(陰畫--)이 되는 것이니 이는 자연의 실리와도 부합되는 것이다.

사실상 중(中)의 이상은 시중(時中)의 인도와 정중(正中)의 천도가 안팎이 되어 하나의 인문학적 원리로 내세워진 것이다. 그런데 이제 인생론적 시중의 인도와 우주론적 정중의 천도는 일치하여 성중(誠中)의 성인지도(聖人之道)로 발전하였으니, 다산의 중론은 이 점에서 그의 수사학적 중사상의 핵심을 이루었다(『다산경학사상연구』, 15쪽).

중이 지행의 무과불급으로서 지행합일(知行合一)을 의미한다면, 성(誠)은 좌언우성(左言右成)으로서 성언(成言)이니 이는 언행일치를 의

미한다. 이들—중과 성—의 관계를 표시하면,

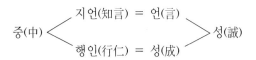

중(中) < 지언(知言) = 언(言)
　　　　行인(行仁) = 성(成) > 성(誠)

중이 시중과 정중에 의하여 인(人)·천(天)의 도로 일관되었다면, 성(誠)도 또한 성자(誠者)와 성지자(誠之者)—사성자(思誠者)—로서 천인(天人)의 도(道)가 되어 있다.

○『중용』에서는 "지성이란 하늘의 도요, 지성스러운 것은 사람의 도리다[誠者天之道也 誠之者人之道也]"라 하였고, 맹자는 "성은 하늘의 도요 성실히 할 것을 생각함은 사람의 도이다[誠者天之道也 思誠者人之道也]"라 하였다.

그러나 우리는 성성일여(誠聖一如)의 입장에서 성중(誠中)의 도(道)는 성현(聖賢)의 실천윤리임을 알아야 할 것이다.

성인이란 인륜 중 지극한 자로서 전인적 최고 인격을 성이라 하지만, 성인도 우리들과 같이 신독군자로서 천명을 두려워하는 시중군자일 따름이다.

그러므로 성인의 경지는 지성에 의하여 누구나 도달할 수 있는 경지인 것이다.

중(中)은 곧 성(誠)이오.

중이란 성(誠)이다(『중용강의』).

성중은 성인의 지극히 진실되고 지극히 실제적인 언행에서 이루어진다.

　성인의 말씀은 다 지진지실(至眞至實)한 것이다(『중용자잠』).

그러므로 성(誠, 中)이란 성인의 별명이다.

　성(誠)이란 성인(聖人)의 별명이다(같은 책).

여기에 성성일여론(誠聖一如論)의 근거가 있다.

모름지기 다산의 중론은 성중원리로 결실되었고, 성중원리는 성성일여론(誠聖一如論)에 의하여 실천윤리의 기본원리가 되었다. 이는 곧 수사학적(洙泗學的) 중론의 본연의 면모를 밝힌 것이라 해야 할 것이다.

제 3장

윤리사상

1. 인과 의

본래 인(仁)이란 고자로는 忈으로 쓰인 글자이기는 하지만 그것이 윤리적 의미로 쓰인 것은 공자의 논어에서 비롯한 것이다. 忈은 그 자형(字形)이 보여주는 바와 같이 2인을 의미하며 그것이 '인(仁)'자로 변형이 되어 오늘까지 쓰인다 하더라도 그가 지닌 2인이라는 뜻은 조금도 달라지지 않은 것이다. 그러므로 『설문』이라는 옛 자전에 의하면 "인이라 두 사람이다[仁者二人也]"라 했던 것이다.

그러나 인의 고전적 의미는 어느덧 사라지고 그것이 송유(宋儒)들에 의하여 그들 나름대로의 새로운 해석이 거기에 덧붙여짐으로써 엉뚱한 문제를 내포하기에 이른 것이다. 이제 다산의 수사학적 인론(仁論)을 살피기에 앞서 주자의 해석을 적기하면 다음과 같다.

인이란 심지덕(心之德)이오, 애지리(愛之理)니라(『논어집주』 주).

'심지덕(心之德)'이란 심성론적(心性論的) 덕성이오, '애지리(愛之理)'란 철학적—이학적(理學的)—애정을 의미한다. 이는 송유의 학은 오로지 이학적 심성론에 근거해 있기 때문에 이상과 같은 해석이 나올 수밖에 없다. 다시 말하면 이는 애오라지 성리학적 인론(仁論)임은 다시 말할 나위도 없다. 그러므로 인을 자전에서 '어질 인'으로 풀이한 것도 따지고 보면 심덕(心德)의 애정의 우리말 표현이란 점에서 근본적으로 주자의 뜻을 받아들인 해석이 아닐 수 없다.

그러나 선진시대(先秦時代) 고전적 인의 의미는 결코 그러한 성리학적 의미로 쓰인 철학적 인이 아니라 한낱 실천윤리(實踐倫理)로서의 인에 지나지 않았음을 다산의 인론을 통하여 새로이 이해하도록 해야 할 것이다.

다산의 인론은 근본적으로 고전적 인론에 근거하고 있다. 다산은 인의 고전적 의미를 다음과 같이 받아들이고 있다.

> 인(仁)이란 이인(二人)이다. 고전(古篆)에는 인인(人人)의 첩문(疊文)으로 만들었다(「답이여홍서」).

또한, 당시에 있어서의 송학에 근거한 인은 재내지리(在內之理)로서 너무도 애매모호하여 실천윤리로서의 인의 본의와는 너무도 거리가 멀다고 하였다.

> ○ ……인자(仁字)에 이르러서는 아울러 평소에 인(仁)을 인식하기를 또한 확연히 마음속에 있는 이치라고 여겨서 부모에게 효도하고 임금에게 충성하며 벗에게 돈독하고 백성들을 자애하는 등 무릇 사람과 사람이 서로 관여하는 것을 따로 덕이라 하지 인(仁)이라 하지 않는다. 나의 평소 생각에 오직 측은(惻隱) 박애(博愛) 등 몇 구절이 마음속에 드나들며 화기가 피어오르듯 황홀하고 방불하게 사람을 사랑하고 만물을 생육하는 기상이 있는

것처럼 보이지만, 실제로 어디로부터 들어가야 인(仁)에 머무를 수 있고 어떻게 시작해야 인을 행할 수 있는지 모른다. 여러 성인들이 서로 전한 도는 실상 인(仁) 한 글자에 지나지 않는데 이 한 글자에서 체득하여 깨달은 바가 이처럼 선명하지 못하니 다시 도나 학문이 있을 수 있겠는가(「답이여홍서」).

다산의 인간관은 다음과 같다.

사람이 이 세상에 살아가는 과정을 살펴보면, 태어나서 죽음에 이르기까지 더불어 살아가는 것은 사람일 따름이다. 가까운 이는 부자 형제요, 먼 이는 붕우 향인(鄕人)이며, 그 낮은 이는 신복(臣僕) 유치(幼穉)요, 그 높은 이는 군사(君師) 기로(耆老)니, 무릇 나와 더불어 똑같이 둥근 머리와 모난 발로 하늘을 이고 땅을 밟고 사는 자는 모두 나와 함께 서로 기다리고 서로 돕고 서로 사귀고 서로 접촉하고 서로 바르게 고쳐 주며 살아가는 것이다(『논어고금주』).

인간은 세상에 태어나서 죽을 때까지 거저 인간으로서 부모 형제(가정) 붕우 향인(사회)의 한 사람으로서 살아갈 따름이다. 다시 말하면 인간이란 가정인(家庭人)으로서 또는 사회인(社會人)으로서 존재할 따름이라는 것이다. 동시에 인간은 그 이상의 것[신(神)]도 그 이하의 것[금수(禽獸)]도 아니요, 오직 인간일 따름이지만 그는 결코 단독자(單獨者)로 존재하는 것이 아니요, 가정 또는 사회인의 한 사람으로서 남과 더불어 존재하는 것이다. 그러한 의미에서 인간이란 한낱 인륜적(人倫的)——윤리적(倫理的)——존재일 따름이다.

인이란 두 사람이 서로 관여하는 것이다(같은 책).

라 함은 이를 단적으로 말해 주는 것이 아닐 수 없다. 그렇다면 이 이인상여(二人相與)의 2인은 누구를 가리킨 것일까. 그것이 다름 아 닌 인륜적 2인의 인간관계인 것이다.

> 사친효(事親孝)를 인이라 하니, 부와 자는 2인이오, 사형제(事兄 弟)를 인이라 하니 형과 제는 2인이오, 사군충(事君忠)을 인이라 하니 군과 신은 2인이오, 목민자(牧民慈)를 인이라 하니 목과 민 이 2인이오, 부부 붕우에 이르기까지 무릇 2인의 사이에서 그 도리를 다하는 자는 다 인(仁)인 것이다(같은 책).

결국 인(仁)이란 2인 관계[이인지간(二人之間)]에서 인간으로서의 도리를 극진히 실천하는 것[盡其道者]을 가리킨 것이 아닐 수 없다. 다시 말하면 "사람의 도리를 다하는 것"이 아닐 수 없다.

그러므로 필자는 『논어주해』(박영문고)를 내면서 '인(仁)'자를 우 리말로 옮기되 '사람구실', '사람다움', '사람값' 등으로 번역한 것은 이 까닭이다.

그러한 의미에서 다산은 인을 가리켜

> 인이란 인륜의 성덕(成德)이다(같은 책).

> 공자의 도는 효제일 따름이오, 이는 성덕이니 이를 인이라 이른 다[「위반산정수칠증언(爲盤山丁修七贈言)」]

이라 한 것들은 다 인(仁, 사람구실)을 다한다는 것은 곧 그의 인격 형성(덕)의 결과임을 의미하는 것이다. 다산은 인을 다음과 같이도 설명한다.

> 인이란 지선(至善)이 이룬 이름이니 반드시 군신 부자의 사이에
> 서 그 인륜의 애정을 극진히 하며 천하의 민이 덕택을 입은 연
> 후에 바야흐로 인이 될 수 있을 것이다. (『논어고금주』)

사람구실을 다하면 그의 혜택이 지극한 선이 되고 지극한 '사랑'
으로 되기도 한다. 주자가 인을 '애지리(愛之理)'라 한 것도 이러한
의미로 썼겠지만 그가 이를 적극적인 행동의 결과로 보지 않고 이를
심리적 이법으로 본 데에 상호 간 '사랑'에 대한 견해의 차가 천리
나 벌어지게 되고만 것이다.

사실상 공자나 맹자도 인을 '사람을 사랑함'이라 하였다.

> 번지가 인을 물은즉 공자는 '애인(愛人)'이라 하였다(『논어』, 「안연」).

> 인이란 애인(愛人)이다(『맹자』, 「이루」).

그러나 그것은 결코 심덕(心德)으로서가 아니라 애의 실천을 의미
함은 다시 말할 나위도 없다. 그러므로 다산은 이 애인을 일러,

> 인이란 다른 사람을 향한 사랑이다. 자식은 부모에게, 아우는
> 형에게, 신하는 임금에게, 목민관은 백성에게 향해 사랑을 베푸
> 니[子嚮父 弟嚮兄 臣嚮君 牧嚮民], 무릇 사람과 사람이 서로 향하
> 여 화기애애하게 사랑하는 것을 인이라 이른다(『논어고금주』).

라 하여 남을 사랑하는 적극적인 선행을 인이라 하였던 것이다.

> 인이란 인륜의 지극한 선이다(같은 책).

란 이를 두고 이른 말로서, 다산에 있어서의 인은 인륜의 지선으로
서 종교적 사천(事天)의 경지에까지 승화된다.

> 천이 사람들의 선악을 살펴보는 것도 또한 두 사람이 서로 교제
> 하며 관여하는 데에서 가려낸다(『논어고금주』).

란 이를 두고 이른 말로서 천[상제(上帝)]이 하향적으로 인간의 선악
을 살필 때는 이인상여지제[二人相與之際, 인(仁)]에서 이를 판단하거
니와 그로 인하여 인간은 또한 상향적 사천의 도리를 다하는 것이다.

> 천이 사람들의 선악을 살펴보되 항상 인륜에 있는 까닭에 사람
> 들이 수신(修身) 사천(事天)하되 또한 인륜에 힘을 다해야 하는
> 것이다(『중용자잠』).

란 이를 두고 이른 말로서 인륜에 힘을 쏟는 것[인(仁)]이 바로 사천
(事天)하는 것이 된다는 것이다. 그러므로 인(仁)함은 곧 그것이 사천
함이오, 사천하자면 곧 인해야 한다는 것이 된다.

　여기서 우리는 윤리가 곧 종교요, 종교가 곧 윤리라 이를 수밖에
없다. 다시 말하면 윤리와 종교는 결코 분리해서 생각할 수 없음을
본다. 이는 곧 '윤리적 종교'의 경지를 우리들에게 보여주는 자가 아
닐 수 없다.

　공자의 인이 맹자에 의하여 인의(仁義)의 개념으로 분화되었고, 맹
자의 인의는 그의 사단론(四端論)에 의하여 또다시 인의예지(仁義禮
智) 사덕(四德)으로 나누어졌다. 사덕에 관하여 본 장 덕론에서 언급
하기로 하므로 여기서는 의(義)에 관하여 간단히 살피는 데 그치고자

한다.

다산은 의와 인과 다른 점을 다음과 같이 설명한다.

> 의(義)의 됨됨은 아(我)에 중점이 있으니 인(仁)과는 다르다. 그러
> 므로 응소(應劭)의 『풍속통(風俗通)』에 "애인을 인(仁)이라 하고
> 나를 선하게 하는 것을 의(義)라고 한다" 하였으니 이는 인의(仁
> 義)의 훈고(訓詁) 가운데 가장 뛰어난 것이다「답이여홍서」).

라 하였으니 인이 남[인(人)]을 사랑하는 것이라면, 의는 내[아(我)]를
선하게 하는 것으로서 향하는 것—대상이 다르다.

> 하나의 물건을 얻었을 때, 이를 받되 내가 얻어서 선하게 되면
> 받고, 받아서 내가 선하게 될 수 없다면 이를 물리치니 나를 선
> 하게 하는 데 돌아갈 따름이다. 이를 일러 의(義)라 한다. 어려움
> 에 직면하여 어려움을 면하여 내가 선할 수 있다면 빠져나오고,
> 면하여 내가 선할 수 없다면 죽어서라도 나를 선하게 하는 데
> 돌아갈 따름이라, 이를 일러 의(義)라 한다. 의(義)라는 것은 어
> 떤 때는 곁에 있는 사람을 돌아보지 않기도 하니 어찌 곁에 있
> 는 사람뿐이랴. 효자도 때에 따라서는 부모를 돌아보지 않으며,
> 자애로운 아버지도 때때로 아내와 자식을 돌아보지 않으니, 소
> 중한 것이 나에게 있고 다른 사람에게 있지 않다. 그러므로 '인
> (仁)'자는 사람을 뜻하는 인(人)을 따르고, '의(義)'자는 나를 뜻
> 하는 아(我)를 따른 것이니, 깊은 의미가 있다(같은 책).

그러므로 의(義)는 인(仁)에 비하여 개체[아(我)]적이다. 모름지기
주체적 선행위(善行爲)라 이를 수 있을는지 모른다. 주체적 결단에
의한 선행위라는 점에서는 시중의 중이야말로 의(義)일는지도 모른
다. 어쨌든,

선을 행하고 악을 없애는 것을 의(義)라 한다(『논어고금주』).

라 이를 만큼 선을 행하고 악을 없애는 실천에 의하여 얻어지는 지선(至善)이야말로 의가 아닐 수 없다. 그럼에도 불구하고 주자는,

의(義)라는 것은 마음의 제재(制裁)요 일의 마땅함이다(『맹자집주』주).

라 하였으니 인을 심지덕(心之德)이라 이른 입장과 그 규(規)를 같이하는 것으로서 사지의(事之宜)의 의(宜)가 사의(事宜)라는 점에서 나아닌 것[非我]에 있는 만큼 다산의 나를 선하게 한다[善我]는 해석과는 너무도 거리가 멀다.

여기에서도 주자의 심성론적(心性論的) 해석은 다산의 실천윤리학적(實踐倫理學的) 해석과는 근본적으로 다른 입장을 취하고 있음을 알아야 할 것이다.

2. 서

서(恕)는 "인을 이루는 방법[所以成仁之方法]"(『논어고금주』)이라 했듯이 인을 실천하기 위하여 요청되는 방법이 서인 것이다. 그런데 여기에는 두 가지 문제가 있다. 하나는 서와 충서(忠恕)와의 관계요, 다른 하나는 추서(推恕)와 용서(容恕)와의 관계에 관한 문제다. 이 점에 있어서도 송유(宋儒)와 다산과는 서로 다른 견해를 갖고 있는 것이다.

주자는 그의 충서의 주에서 "자기의 마음을 다하는 것을 충(忠)이라 하고 자기의 마음으로 미루어보는 것을 서(恕)라 한다. 자기 마음을 다하는 것을 충이라 하고 자기 마음을 미루는 것을 서라 한다[盡己之謂忠 推己之謂恕]"라 하여 충과 서를 분리하여 각기 독립된 덕목으로 간주하려고 하였다. 그러나 다산은 이에 반대하여,

> 충서(忠恕)는 곧 서(恕)니 둘이 있는 것이 아니다. 선유는 자기의 마음을 다하는 것을 충이라 하고[盡己之謂忠] 자기의 마음으로 미루어보는 것을 서라 한다[推己之謂恕]라 하였음을 이제 우리들

은 알고 있다. 만일 먼저 하나의 물건이 내심(內心)에 있어서 충이 된 연후에 이로부터 추전(推轉)하여 발하게 하면 서가 된다 하니 어찌 큰 잘못이 아니겠는가. 진정 이와 같다면 공자는 이(二)로써 관지(貫之)한 것이니 어찌 일이관지(一以貫之)이겠는가. 서는 근본이 되고 이를 행하는 소이는 충이니 충서가 아닌가(『논어고금주』).

라 하여 주자의 충서이물설(忠恕二物說)에 대하여 충서일물설(忠恕一物說)을 주장한다. 충은 서에 대한 수식어에 지나지 않고 충서(忠恕)라 하더라도 그것은 서(恕)일 따름이라는 것이다. 그렇다면 왜 서 한 글자로도 족한데 굳이 충서라 했을까 하는 문제가 남는다. 이에 대하여서는 다산은 다음과 같이 설명한다.

서(恕)란 하나로써 만(萬)을 관(貫)한 것이다. 이를 충서라 이른 것은 중심행서(中心行恕)하는 까닭이다(『중용자잠』).

충서란 곧 중심행서(中心行恕)니, 중심(中心)은 충심(衷心)이요, 진실(眞實) 무위(無僞)인 것이다. 모름지기 서는 진심—중심—을 바탕으로 한 것이 아닐 수 없다.

오직 충서란 실심행서(實心行恕)하는 것이다(『대학공의』).

또 다른 일면 다산은 서에 두 종류가 있음을 밝힌 후 주자의 설을 비판한다.

서에는 2종이 있으니 하나는 추서(推恕)요 다른 하나는 용서(容恕)다. 그것이 고경(古經)에서 추서에 그치고 있는데 주자가 말한 것은 용서다.……추서(推恕)란 자수(自修)하는 까닭이다.……사람과 사람과의 교제에는 오직 추서만이 요법이 되는 것이니 선성(先聖)이 서를 말하되 다 이 뜻이다(같은 책).

○ 주자는 "자기에게 선함이 있은 연후에 남의 선을 책(責)할 수 있고 자기에게 악함이 없는 연후에 남의 악을 바로잡을 수 있다 하였으니 자기부터 남에게 미치는 것이 이른바 서인 것이다."(『대학장구』 주)

이어서 다산은,

추서(推恕)는 주로 자수(自修)함이니 자기의 선을 행하는 소이요, 용서(容恕)는 주로 치인(治人)함이니 남의 악에 관계한 소이인 것이다(『대학공의』).

라 하여 추서와 용서를 엄격히 구별하고 있다. 주자는 이 점에 대하여 모호한 설을 내세웠던 것이다. 그의 추기급인(推己及人)설은 얼핏 보기에는 추서로 여길 수 있지만 그의 '책인지선(責人之善)'과 '정인지악(正人之惡)'은 자수(自修)의 공부가 아니라 치인(治人)의 행동이라는 점에서 추서(推恕)가 아니라는 것이다.

추서는 오로지 "자기가 원하지 않는 것이라면 다른 사람에게 베풀지 않는 [己所不欲 勿施於人]" 자수자행(自修自行)의 공부일 따름인 것이다.

관용이 미덕이 아님이 아니로되, 유가의 서와는 무관함을 알아야 할 것이다.

3. 덕

다산의 경해(經解)에 있어서 지금까지 파자해(破字解)가 많았음을 볼 수 있다. 그것은 그가 글자를 만들었을 때의 고전적 본의를 찾아내는 한 방법인지도 모른다. 인(仁)을 '이인(二人)'으로 풀었고, 의(義)를 '선아(善我)'로 풀었으며, 충서는 '중심행서(中心行恕)'라 하였다.

이러한 다산의 자해(字解)는 그의 덕자(德字) 해(解)에 있어서도 나타나고 있다.

> 덕이란 나의 직심(直心)을 실행하는 것이니, 실행하지 않으면 덕
> 이라 없는 것이다(『중용자잠』).

덕자(德字)의 좌변인 彳은 행자(行字)의 좌변인 彳과 동일한 데다가 彳은 본시 '왼쪽 걸음'의 뜻이 있으므로 도시 행동한다는 의미를 지니고 있다. 그러므로 '불행무덕(不行無德)'의 풀이가 성립되며 덕은 오로지 행동―실천―을 통하여 이루어짐을 의미한다.

무엇을 어떻게 실천하는 것일까.

다산은,

> 덕이란 직심이다(『논어고금주』).

> 덕이란 본심의 정직함이다(같은 책).

> 심의 정직을 '덕'이라 한다(같은 책).

라 한 것들을 종합하면 덕자의 우방(右旁)은 직심(直心) 두 글자의 합자(合字)라는 사실을 앎으로써 얼른 이해가 갈 것이다. 직심은 곧 진심(眞心)이오, 진심은 중심(中心)이니, 진심의 행동화는 곧 중심행서일 수밖에 없다. 다산이 서를 자수지공(自修之功)으로 간주하였기 때문에 행직심[行直心, 덕자(德字)]은 곧 행오지직심(行吾之直心)으로서 중심행서 바로 그것이 아닐 수 없다.

그러므로 다산은 분명히 다음과 같이 설파하였다.

> 효제충신(孝悌忠信) 인의예지(仁義禮智)를 덕이라 하는데 몸소 행하지 않고서는 어찌 덕이 있겠는가(『중용자잠』).

실천궁행 없이 덕이란 존립할 수 없는 것이다. 그럼에도 불구하고 주자는

> 덕(德)이라 하는 말은 득(得)인 것이다. 도를 행하고서 심(心)에서 터득한 것이다(『논어집주』주).

라 하여 심득지자(心得之者)를 덕(德)이라 하였으니 '불행무덕(不幸無

德)'이라 한 다산의 논거와는 상반됨을 짐작하게 한다.

> 심중에 있는 리(理)가 어찌 인이 될 수 있겠는가. 오직 덕도 또
> 한 그러하니 직심의 소행을 일러 덕이라 하므로 대학에서 효제
> 자(孝弟慈)를 명덕이라 하고, 『논어』에서는 양국(讓國)을 지덕이
> 라 하였으니 실행이 이미 현저해야 이에 덕이라 하니 심체(心體)
> 의 담연허명(湛然虛明)한 자에 어찌 덕이 있겠는가. 심에는 본래
> 덕이 없는데 하물며 인에 있어서이겠는가(『맹자요의』).

주자는 덕에 있어서도 그의 심성론적 입장에서 추호도 밖으로 나
아가려 하지 않고 있다. 그러므로 덕의 의미는 더욱더 애매모호하게
되었다고 다산은 주장한다.

> 요즈음 사람들은 '덕'자에 대한 인식이 원래 분명하지 못해서,
> 성경(聖經)을 읽으면서 덕(德)자를 만나면 망연히 어떤 의미인지
> 모르고서 다만 순후하고 혼박(渾朴)하여 청탁(淸濁)을 변별하지
> 못하는 사람을 덕이 있다고 한다. 이러한 기상으로 가만히 앉아
> 서 천하를 다스리면 거의 만물이 저절로 귀화한다고 바라고 있
> 지만, 어떤 국면을 대하고 일에 임해서는 어디로부터 손을 써야
> 할지 모르니, 어찌 세상 물정에 어두운 것이 아닌가?……덕이란
> 모호하고 애매한 것이 아니다(『논어고금주』).

덕자(德字) 해(解)에 있어서도 주자의 심성론과 다산의 행동주의적
실천론과의 차이를 역연히 엿볼 수가 있다.

다산의 실천윤리론을 더욱 분명히 하기 위해서는 인(仁)과 서(恕)
와 덕(德)과의 관계를 일별해 보아야 할는지 모른다.

효제라는 행위가—충신(忠信) 등 기타의 덕목도 마찬가지다—때에

따라서는 인이 되고 때에 따라서는 덕이 된다. 효제를 인간적 입장에서는 그것이 '사람구실'이 되므로 인이라 하고 개인적 입장에서는 실천궁행한 자수의 공이므로 덕이라 이른다. 그러므로 똑같은 행위도 보는 각도에 따라서 인도 되고 덕도 된다는 것이다. 서는 인지방(仁之方)일 뿐만이 아니라 덕도 또한 서가 아니면 이루어질 수 없으므로 서는 인과 덕을 연결시켜주는 교량이라고나 해야 할는지 모른다.

어쨌든 다산의 이른바 수사학적 윤리사상은 오로지 인(仁)—서(恕)—덕(德)의 테두리 안에서 찾아보아야 할는지 모른다. 인도 행인(行仁)이오, 서도 행서(行恕)요, 덕도 덕행(德行)일진대 인덕(仁德)은 어디까지나 주자가 생각한 것처럼 심성론적인 것이 아니라 다산이 중언부언했듯이 후천적(後天的) 실천—자기수련—에 의하여 얻어지는 자—자수지공(自修之功)—라는 사실을 우리는 주목해야 할 것이다.

그렇다면 우리는 가장 중요한 문제의 하나로서 다산의 명덕설(明德說)을 살펴보지 않을 수 없다. 주자는 그의 대학주에서 명덕을 주해하되 그의 성리학적 이론에 입각하여 다음과 같이 설명한다.

> 명덕이란 사람이 천에서 얻은 것으로서 허령불매(虛靈不昧)하여 중리(衆理)를 갖춤으로써 만사에 응하는 자다(『대학장구』).

'사람이 하늘에서 얻은 것[人之所得乎天]'은 경험적인 실행에서가 아니라 선천적(先天的)인 획득을 의미한다는 점에서 이미 다산의 덕론과는 상치되는 입장임은 다시 말할 나위도 없다. '허령불매하여 중리를 갖추고 있음[虛靈不昧以具衆理]'도 심성론적 관념으로서 형상을 갖춘 어떠한 구체적 사실은 아니다. 행동에 의한 구체적 성과를 중요시하는 다산의 입장에서는 이해하기 어려운 개념이 아닐 수 없다. 다산의 말대로 그러한 '모호하고 애매한 것[模湖漫漶之物]'을 가지고 어떻게 '만사에 응[應萬事]'하게 될는지 알 수 없다.

> 이에 심성혼명(心性昏明)의 설은 절대로 영향이 없다(같은 책).

다산은 이에 대하여 명덕이란 분명한 구체적 사실로서 효·제·자 삼덕(三德)이라 하였다.

> 명덕이란 효제자이다(『대학공의』).

동시에 그는 주자의 설을 비판하면서 심성론은 군자의 학으로서 필요할는지는 모르지만 결코 대학에 있어서의 교과과목일 수는 없다는 것이다.

> ○ 허령불매(虛靈不昧), 심통성정(心統性情), 왈리(曰理), 왈기(曰氣), 왈명(曰明), 왈혼(曰昏)은 비록 또한 군자의 치의(致意)할 바이지만 단연코 옛날 태학에서 사람을 가르치던 제목은 아니다. 그럴 뿐만 아니라 아울러 이른바 성의(誠意), 정심(正心)도 또한 그것은 효제자(孝弟慈)를 실행하는 소이일 따름이다(같은 책).

왜 효·제·자를 대학에서 교과제목으로 택했을까. 그 연원을 다산은 『서경』「요전」의 오전(五典) 오교설(五敎說)에서 끌어낸다.

> 「요전」에 '오전을 삼가 아름답게 하라[愼徽五典]' 하고 '공경스럽게 오교를 펼치라[敬敷五敎]' 하였으니 오전(五典) 오교(五敎)란

부의(父義)・모자(母慈)・형우(兄友)・제공(弟恭)・자효(子孝)인 것이다.……형우・제공을 합하여 말한다면 제(弟)인 것이다. 부의・모자를 합하여 말한다면 자(慈)인 것이다. 그런즉 효・제・자 3자는 오교(五敎)의 총괄이니 태학에서 주자(冑子)를 가르치매 주자(冑子)가 만민을 보살피되 그것은 이 3자 외에 딴 것이 있는 것이 아니다(같은 책).

다산의 효・제・자 삼덕설은 대학의 명덕을 주역(註譯)함에 그치지 않고 자덕(慈德)을 효제의 덕과 병행해서 강조한 데도 새로운 의미를 부여해야 한다. 왜냐하면 논어나 맹자에 있어서는 대학에서와는 달리 자덕보다도 효제의 덕만을 강조하고 있기 때문이다. 유약(有若)이 "효제의 도가 바로 사람 구실하는 길의 근본이다[孝弟也者 其爲仁之本與]"(『논어』, 「학이」)라 하였고 맹자는 "요순의 도는 효제일 뿐이다[堯舜之道 孝弟而已]"(『맹자』, 「고자」)라 한 것은 다 이를 단적으로 설명해 주는 것이 아닐 수 없다. 여기서 다산은 한 걸음 더 나아가 자덕을 강조하였으니 그의 목민자(牧民慈)의 정신은 여기서 추출된 것임은 다시 말할 나위도 없다(졸저, 『다산경학사상연구』, 「목민지도(牧民之道)」절 참조).

다산의 윤리사상은 그의 덕론에 있어서도 명덕설(明德說)에서 보여주듯 철저하게 행동주의적 결과론의 입장을 굳게 지키고 있음을 알아야 할 것이다.

4. 사단론

맹자의 사단론은 그의 인의사상을 심성론적 입장에서 보다 더 폭넓게 전개시킨 것으로서 인·의·예·지 사덕으로 분개시켜 놓았다.

> 측은지심은 인의 단이요, 수오지심은 의의 단이요, 사양지심은
> 예의 단이요, 시비지심은 지의 단이다(『맹자』, 「공손추」·「고자」).

여기서도 주자의 선험적 선천설과 다산의 후천적 결과론이 서로 맞서 있다.

주자는 단서설(端緖說)을 주장한데 반하여 다산은 단시설(端始說)을 주장한다.

주자의 단서는 다음과 같다.

> 단(端)은 서(緒)다. 그 정이 발하되 성의 본연에 말미암는다면 가
> 히 얻어 볼 수 있으니 물이 중에 있으면 서가 밖으로 나타나는
> 것과 같다(『맹자집주』주).

인의예지의 사단인 측은(惻隱)·수오(羞惡)·사양(辭讓)·시비(是非)는 정에 의하여 발하지만 그것은 본연지성이 나타난 것으로서 마치 물이 중에 있으면 그 서가 밖으로 나타나는 것과 같다는 것이다. 이는 분명히 사단의 재내설(在內說)로서 사단은 재내자(在內者)의 외현(外現)에 지나지 않는다. 그러므로 사단에 의한 인의예지도 선천적으로 구유한 것으로 간주하지 않을 수 없다.

다산의 결과론적 입장은 이상과 같은 원인론을 승복할 리가 없다. 그가 단시설을 내놓은 것은 이 때문이다.

> 온통 단(端)이라는 것은 시(始)인 것이다. 물의 본말을 양단(兩端)이라 한다. 그러나 반드시 시기(始起)하는 자를 단이라 하는 것과 같다. 그러므로……물(物)의 두미(頭尾)는 사실상 양단이 되는 것이니 단이라 이름 할 수 있다. 그러나 서전(書傳)에 있어서도 두(頭)를 단(端)이라 한 것이 더 많다. 무릇 두(頭)를 단이라 한 것은 그 수를 셀 수 없으니 어찌 미(尾)를 단(端)이라 할 수 있겠는가(『맹자요의』).

맹자 자신이 자주하기를,

> '불이 처음으로 타오르는 것 같고, 샘이 처음으로 달(達)하는 것 같다' 하였으니 두 개의 시자(始字)는 뇌뢰낙락(磊磊落落)하여 단을 시라 하는 것은 또한 이미 분명하다(같은 책).

시는 원인일 따름이오, 결과는 따로 조성되는 것이다. 그러므로 측은 등 사단에서 원인되었지만 인의예지 사덕은 그 결과로서 조성된 것에 지나지 않거늘 어찌 이미 선천적으로 우리 체내에 존재할 것인가.

이 점에 대하여 다산은 주자를 통렬히 비판한다.

> 인의예지의 이름은 행사(行事)의 후에 이루어진다. 그러므로 사람을 사랑한 후에 인(仁)이라 하고 애인(愛人)에 앞서 인의 이름은 성립되지 않는다. 나를 선하게 한 후에 의(義)라 하고 나를 선하게 하기에 앞서 의(義)의 이름은 성립되지 않는다. 빈주(賓主)끼리 배읍(拜揖)한 후에 예(禮)의 이름은 성립되고 사물을 변명(辨明)한 후에 지(智)의 이름은 성립된다. 어찌 인의예지의 네 알맹이[四顆]가 있어서 뇌뢰낙락(磊磊落落)하여 도인(桃仁)이나 행인(杏仁)처럼 인심 가운데 엎드려 있을 것인가(같은 책).

인의예지의 사덕은 복숭아씨나 살구씨처럼 기성품으로서 복숭아나 살구 속에 들어 있지 않다는 비유는 정녕 인의예지(仁義禮智)는 '행사한 뒤에 이루어짐[成於行事之後]'으로서 후천적 성과임을 강조한 것이 아닐 수 없다.

그러므로 다산은 송유의 설의 모순과 거기에 따른 폐단을 다음과 같이 지적한다.

> 맹자가 측은지심(惻隱之心)을 논한 것은 장차 이 마음을 확충하여 그 인(仁)으로서 천하를 덮고자 한 것인데, 이제 도리어 인의예지 네 가지를 가져다 가장 깊숙한 곳에다 감추어놓고 '성'이다, '심'이다, '체'다, '용'이다 하니 이른바 인의예지의 체(體)다 용(用)이다, 근본이다 지엽이다, 머리다 꼬리다 하는 것이 모두 강자(腔子)와 두피(肚皮)를 벗어나지 못하고 있다. 그런데도 이를 일컬어 '본원을 남김없이 궁구한다'고 한다면, 아마도 그 폐단은 체만 있고 용은 없는 데로 돌아가고 말 것이다. 이제 산림에서 덕을 기른다는 사람들 가운데 이러한 잘못을 저지르는 이들이 많으니, 그러므로 결국 그 기상이 주공(周公), 공자, 안연(顔淵), 계로(季路) 등과는 조금도 같은 데가 없다. 어찌 다른 이유가 있겠는가?(「여이여홍서」)

여기서 우리는 그의 윤리사상에 있어서도 인의예지(仁義禮智)가 관념화하는 것을 철저히 배격하고 있음을 알 수 있다. 인의예지가 도인(桃仁)·행인(杏仁)처럼 관념화하여 인체 내에 기존한 것으로 생각하는 것은 주공 공자 등(수사학적) 기상이 아님을 분명히 하고 있다.

애오라지 다산에 있어서의 윤리적 인이나 덕은 한결같이 실천주의적 행동의 결과임을 알아야 할 것이다.

제 4장

정치사상

1. 왕도론

다산의 정치사상은 한 마디로 말해서 선진유학—수사학적(洙泗學的) 정치사상—의 현대적 이해에 있다고 할 수 있다. 그러므로 제왕학적(帝王學的) 왕도정치사상이 민본적(民本的) 위민사상으로 윤색함에 있어서 근세적 민주주의에의 접근마저도 시도한 흔적이 없지 않다. 다산은 그의 「탕론(湯論)」에서 다음과 같이 말하고 있다.

대체 천자는 어떻게 해서 있게 되었는가. 장차 하늘이 천자를 비 내리 듯해서 세웠는가. 아니면 땅에서 물 솟듯 솟아나 천자가 되었는가. 5가(五家)가 1린(隣)이 되어 5가에서 장을 추대하면 인장(隣長)이 된다. 5린(五隣)이 1리(里)가 되어 5린에서 장을 추대하면 이장(里長)이 된다. 5비(五鄙)가 1현(縣)이 되어 오비에서 장을 추대하면 현장(縣長)이 된다. 여러 현장들이 함께 추대한 자는 제후가 되고, 제후가 다 같이 추대한 자는 천자(天子)가 된다. 천자란 여럿이 추대하여 이루어진 것이다. 또한 여럿이 추대해서 이루어진 것은 여러 사람이 추대하지 않으면 물러나야 한다. 5가가 협화(協和)하지 않으면 5가가 논의하여 인장(隣長)을 바꾸고, 5린이 협화하지 않으면 25가가 의론하여 이장(里長)을 바꿀 수 있고, 구후(九候)와 팔백(八伯)이 화협(和協)하지 않으면

구후와 팔백이 논의하여 천자를 바꿀 수 있다. 구후와 팔백이 천자를 갈아치우는 것은 오히려 5가가 인장(隣長)을 갈아치우고 25가가 이장(里長)을 갈아치우는 것과 같은 것이니, 누가 신하가 임금을 쳤다고 할 수 있겠는가.……한(漢)나라 이래로 천자가 제후를 세우고, 제후가 인장을 세우고, 인장이 이장을 세우고, 이장이 현장을 세웠기 때문에 감히 공손하지 않은 행동을 하면 '역(逆)'이라 하니. 역(逆)이라 이르는 것은 무엇인가. 옛날에는 '아랫사람이 윗사람을 추대하였으니[下而上]' 아랫사람이 윗사람을 추대한 것은 순(順)이요, 요즈음은 윗사람이 아랫사람을 세우니[上而下] 윗사람이 아랫사람을 세운 것은 역(逆)인 것이다.…… 그런 이유를 모르고 걸핏하면 탕왕(湯王)과 무왕(武王)를 폄하(貶下)하여 요순(堯舜)보다도 낮추려 하니, 어찌 이른바 고금(古今)의 변(變)에 달통(達通)한 자라 할 수 있겠는가.

「원목(原牧)」에서도 이와 비슷한 사상이 서술되어 있다.

이상의 긴 인용문을 통독하면 인장(隣長)·이장(里長)·현장(縣長)·제후(諸侯)·천자(天子)에 이르는 추천—협의선거—은 마치 근세에 있어서의 민주주의 선거를 방불하게 하고 있으며 오히려 소환권—협의개체(協議改替)—마저 인정한 느낌이다. 소위 하강식(下降式) 임명질서는 한(漢) 이후의 소산으로서 고대 민주선거제도에 역행한 것으로 간주하고 있다.

그러므로 탕무(湯武)의 벌군(伐君)은 그들이 지닌 교체권—소환권—의 행사에 지나지 않는 것으로서 합리화시켜 놓고 있다. 그것이 비록 중국 상고사에 빙거(憑據)한 것이라 하더라도 다산의 정치적 이념을 가장 새롭게 풀이한 점에서 이를 주목해야 할 것이다.

다산은 여기서 순도(順道)로서 상향적(上向的) 민주사상을 정립했고 역도(逆道)로서 하향적(下向的) 전제제도를 규정해 놓고 있다.

그러므로 비록 천자라 하더라도 그 지위는 스스로 얻은 것이 아니라 전체 민의에 의하여 확보되는 것임을 알 수 있다. 그처럼 유동적인 것이다. 그러므로 유동적인 천자의 지위를 확보하기 위해서는 민의(民意)의 소재를 파악해야 하며 스스로의 역량(덕)을 갖추어야 한다. 따라서 다산은 각별히 목자—천자상—에 깊은 관심을 기울였으며 목민윤리에 입각한 『목민심서』를 저술한 것도 목자의 임무야말로 얼마나 중차대한가를 보여주기 위해서였던 것이다. 그는 그의 「원목」에서 다음과 같이 논파하였다.

> 목(牧)이 민(民)을 위하여 있는가. 민이 목을 위하여 사는가.……
> 민이 목을 위하여 산다고 한다면 어찌 이치이겠는가. 목이 민을
> 위하여 있는 것이다.

목자(牧者)가 민생을 위하여 존재하느냐, 아니면 민생이 목자를 위하여 살고 있느냐 자문하고 자답하기를 "민생이 목자를 위하여 살고 있다는 것은 어찌 이치에 합당하겠는가. 목자가 민생을 위하여 존재하는 것이다"라고 설파한 다산은 당시의 위정자들이 거의 마치 민생(民生)이 그들을 위하여 있는 양 착각하고 있었음을 이로써 반증하는 것도 된다. 어쨌든 '목위민유(牧爲民有)'의 원칙은 그의 모든 저술을 통하여 부각시키고 또 강조하고 있음을 본다.

이러한 기초적 원칙에 의하여 추출해 낸 정치윤리가 다름 아닌 목민지도로서의 목민자(牧民慈)의 윤리이었던 것이다.

목민자의 윤리를 이해하기 위해서는 적어도 두 가지 점을 지적해두지 않을 수 없다.

첫째, 목민이라는 윤리관계는 선진유가(先秦儒家)에서도 나타난 바

없다. 특히 맹자의 오륜(五倫) 밖에 따로 있음이 분명하다. 목민의 윤리와 가까운 것이 오륜이나 삼강(三綱) 중에서는 군신관계를 들 수 있겠지만 그것은 어디까지나 군과 신의 1대1의 인간관계라는 점에서 정치적 윤리라기에는 아직 미흡하다. 그러나 목민에 있어서는 목자의 통치하에 존재하는 대중으로서의 민생이라는 점에 있어서 그것은 뚜렷하게도 정치윤리(政治倫理)임에 의심의 여지가 없다. 그것은 오히려 일[一, 목(牧)] 대민[對民, 중(衆)·다(多)]의 관계라는 사실에서도 나타난다.

그러므로 목민윤리는 다산이 특히 그의 정치이념을 펴기 위하여 설정한 기본적인 윤리규범이라 하지 않을 수 없다.

둘째, 목민자(牧民慈)의 자덕(慈德)은 어디에서 얻어 온 것일까. 그것은 『대학』의 명덕(효제자 삼덕)에서 끌어왔음은 너무도 자명하다. 대학서는 본시 태자의 학으로서 정치교과서인 것이다. 다시 말하면 치평(治平)의 학이다. 『대학』에서 "효는 군주를 섬기는 것이고, 제는 어른을 섬기는 것이며, 자는 여러 백성을 부리는 것이다[孝者所以事君也 弟者所以事長也 慈者所以使衆也]"라 한 것은 효제자(孝弟慈)라는 가정윤리가 사군(事君) 사장(事長) 사중(使衆)이라는 정치윤리에로의 확충을 시사해 주는 것이 아닐 수 없다.

그러한 의미에서 다산은 모자(母慈)라는 가정윤리를 가져다가 그의 목민자의 정치윤리에도 원용하였으니 그는 소위 선진유가의 정치이념이 위민부모(爲民父母)로서의 왕자의 상을 그의 목자상에서 재현시키고자 한 것으로도 이해가 간다.

급기야 그의 목민자의 자덕(慈德)은 애민사상으로도 표현된다. 애민(愛民)은 양민(養民)이요 교민(敎民)이니, 그것이 바로 목민이 된다.

그러므로 다산에 있어서의 목민의 도는 곧 선진유가에 있어서의 왕
도의 현대적 구현이라 하지 않을 수 없다.

2. 예악론

　여기서 왕도론의 다음에 예악론(禮樂論)을 문제 삼는 것은 다산이 그의 정치제도론으로서 저술한 『경세유표』(미완본)의 초고를 『방례초본(邦禮草本)』이라 하여 주례(周禮)의 예의 의미를 방례(邦禮)의 예로 재현시켰다는 점에서 도대체 다산은 예의 의미를 어떻게 이해하고 있는가를 알아보기 위해서다.

　예가 지닌 본질적 의미는 여러 가지가 있지만 그것이 정치적 의미로 쓰일 때는 한 나라 또는 사회의 전장법도(典章法度)를 의미한다.

　　예란 왕자의 전장법도다(『논어고금주』).

　그러므로 다산은 그의 『경세유표』의 서문에서 다음과 같이 서술하고 있다.

　　여기서 논한 것은 법이다. 법이면서 이름하여 '예'라 하는 것은 무슨 까닭인가. 선왕(先王)은 예로써 나라를 다스렸고 예로써 인민을 지도하였다. 그런데 예가 시들자 법이란 이름이 생기었다. 법은 나라를 다스리는 것이 아니요 인민을 지도하는 것도 아니다. 천리에 비추어 헤아려도 합치되고 인정에 시행해도 협화(協和)한 것을 예라 하며, 위엄으로 겁나게 하고 협박으로 시름하게 하여 이 백성들이 벌벌 떨며 감히 거스르지 못하도록 하는 것을 법이라 이른다. 선왕은 예로써 법이라 하였고, 후왕(後王)은 법으로써 법이라 하였으니, 이 점이 서로 다른 것이다. 주공이 주나라를 경영할 때에 낙읍(洛邑)에서 있으면서 법 여섯 편을 제정하고 주례(周禮)라 하였으니, 어찌 예 아닌 것을 주공(周公)이 예라 하였을 것인가.

다산이 이해한 예는 법제(전장법도)이면서도 천리(天理)와 인정(人情)에 협합(協合)하는 것이지만 후세의 법은 위협과 공박으로 강요하는 자라는 것이다. 여기서 천리와 인정에 협합(協合)한다는 것은 객관적[천리]으로나 현실적[인정]으로나 다 합리적[협합]인 제도라는 뜻으로 해석되어야 한다. 예란 곧 현실적 합리성을 갖춘 제도를 의미한다. 그러므로 주공의 제례에 의하여 주례는 은말(殷末) 주초(周初)에 있어서의 가장 합리적인 새로운 국가제도이었던 것은 다시 말할 나위도 없다. 그러한 의미에서 다산이 마련하고자 했던 『방례초본』의 방례(邦禮)도 주례(周禮)를 본받은 것이라 한다면 다산이 그가 살던 당시─조선 후기─의 모든 정치적 및 사회적 여건에 대응하는 새로운 국가 제도를 마련하고자 한 의도에서 비롯했음은 상상하고도 남음이 있다.

이로써 다산이 『경세유표』에서 시도한 몇 가지 기본 요소를 간추려보면 대충 다음과 같다(졸고, 「경세유표해제」, 민족문화추진회 간).

첫째, 정부기구 개편에 따른 국가재정의 확립을 기하였다. 당시에 있어서의 국가의 재정은 임진·병자의 양대 국란을 겪은 후 전정·

군정·환곡 등 삼정의 문란이 그 극에 달했던 시절이었기 때문에『목민심서』의 저술과 아울러 서정(庶政) 쇄신(刷新)을 위한 제도의 확립을 목표로 했던 것이다.

둘째, 자아의식의 각성에 따른 자강책의 일환으로 저술되었다. 당시 정주학에 심취한 성리학자들의 무위와 무관심 속에 방치되었던 민생을 구원하기 위한 보강책으로 저술되었으니 현실적인 전정이나 세정의 문란이『유표』에서는 절실한 문제로 부각되었다. 그러므로 다산은 그의「원정(原政)」에서,

정(政)이란 정(正)이니 우리 인민을 균등하게 만드는 것이다.

라 하여 민생들의 정치적 및 경제적 균등을 기하려 하였던 것이다.

셋째, 본래적인 유교정신의 현실적 재현을 들 수가 있다. 본래적인 유교의 사인정신(士人精神)은 경세적이요, 실천적이다. 그러므로 당시에 있어서의 관념적인 학문태도에서 지양하여 직접적인 이용후생의 방책을 확립하려 하였던 것이다. 따라서『경세유표』의 저술은 현실파악에 의한 현실광구책(現實匡救策)으로 이루어진 것으로 이해되어야 할 것이다.

예에 대한 다산의 이해는 이상과 같이 주례적인 예뿐만이 아니라 보다 더 넓은 의미로 쓰는 이른바 예악(禮樂)의 예로서도 어떻게 이해되었는가를 잠시 살펴볼 필요가 있을 것이다. 그것은 아마도 공자학(孔子學)에 있어서의 예악론의 이해로부터 비롯해야 할는지 모른다.

옛날 선왕이 양민(養民)할 때 그 기(氣)를 기르는 법이 예악(禮樂)

두 글자를 벗어나지 않는다. 예(禮)란 신체를 단속함으로써 제멋대로 방종함으로써 병이 생기는 것을 막아주며, 악(樂)이란 혈맥을 유통시킴으로써 막히어 병이 생기는 것을 소통케 하는 것이다. 한 번 늦추고 한 번 죄며 잡기도 하고 놓아주기도 하며, 아울러 행하되 어그러지지 않고, 아울러 나아가되 치우치지 아니하여 리(理)가 능히 기를 거느리고 기가 능히 리를 기르도록 하였다. 그러므로 옛 사람들은 모두 오랫동안 살며 강녕(康寧)하고 휴양(休養) 생식(生息)하여 풍속이 순박하고 화합하여 태평스런 경지로 들어가되 스스로 깨닫지 못하였다(「도산사숙록」).

여기서 우리는 예(禮)와 악(樂)은 상대적 의미를 지니고 있음을 알 수 있다. 그러한 의미에서 예란 구속력을 지닌 제도 의식으로 탈바꿈된다.

주례(周禮)나 방례(邦禮)의 예는 제도로서의 예이지만 예식으로서의 예는 관혼상제(冠婚喪祭)의 사례(四禮)로서 정립되었으니, 전자를 왕자(王者)의 예라 한다면, 후자는 가례(家禮)라 해야 할 것이다. 『주자가례(朱子家禮)』나 『사례편람(四禮便覽)』 등의 책명에서 보는 바와 같은 것들은 모두가 이러한 범주 안에 드는 것들이 아닐 수 없다.

그러므로 여기서 유의할 점은 다름 아니라 가례로서의 예 개념을 방례(邦禮)로서의 예 개념으로 지양시켰다는 점이다(졸고, 「예 개념의 변천과정」).

당시에는 적어도 "조종(祖宗)의 법은 논의해서는 안 된다"(『경세유표』) 하여 개법(改法)을 저지하는 자가 많던 시절에 다산은 신법의 창안을 위하여 심혈을 기울인 것이 다름 아닌 그의 1표2서가 아닐 수 없다. 1표2서란 곧 『경세유표』(1표)·『목민심서』·『흠흠신서』(2서)임은 다시 말할 나위도 없다. 이로써 예는 가례라는 울안에서 방례라는 울 밖 세계에로 뛰어나왔으며 따라서 다산에 의하여 새로운 손익이 가해짐으로써 예의 본연의 모습을 되찾게 되었던 것이다.

3. 거현론

앞서 왕도론(王道論)과 예악론(禮樂論)에서 다산의 정치사상은 선진유가의 테두리 안에서 이루어진 자임을 짐작하게 하거니와 이도 또한 송학적인 세계에서 수사학적 선진유가에로의 회귀를 의미하는 것이다. 그러한 의미에서 볼 때 다산의 정치사상은 왕자 덕치[예치(禮治)]사상이라 이를 수 있을 것이다. 그리하여 맹자에 있어서의 왕자는 현인이어야 하고, 현인의 통치를 일러 현인정치(賢人政治)라 일러야 할 것이다.

그러나 맹자의 현인은 비록 왕자 일인을 생각하면서 묘사하였지만 후세 현인은 왕자 일인일 수는 없다. 왕의 임무를 대신하여 민생을 돌보아야 하는 현인은 얼마든지 있어야 한다. 여기에 새로운 현인론이 필요하고 현인을 거용(擧用)해야 하는 문제가 뒤따른다. 한대 이후 우리나라에서까지도 현인을 뽑아야 하는 과거 제도가 마련된 것은 이 까닭이었던 것이다. 그러므로 이러한 과거제도—거현—에 따른 몇 가지 문제점을 들어 가지고 다산의 진의를 알아보기로 하겠다.

여기서 말하는 현인은 다산에 있어서는 그의 목자상에서 찾아보아야 할 것이다.

행정의 요체는 용인(用人)과 이재(理財)에 있다고 본다.

나라를 다스림에 있어서 그 큰 정책에 두 가지가 있으니, 하나는 '용인(用人)'이오, 둘째는 '이재(理財)'다(『대학공의』).

다산은 용인의 전통적 방법으로서의 과거제도에 대하여 깊은 관심을 기울이고 있다. 그는 당시의 과거 제도에 대하여 극단적인 혹평을 내리고 있다.

> 이 세상을 주도하며 천하를 배우가 연극을 연출하는 것과 같은
> 기교로 이끄는 것이 과거학(科擧學)이다(「오학론」 4).

당시의 과거제도는 본래의 목적과 너무도 거리가 멀어졌고 그 때문에 한낱 광대노름처럼 되어버렸다는 것이다. 이러한 다산의 견해는 사폐(四弊)의 하나로 지적했던 성호의 견해를 이어받은 것이기는 하지만,

> 과거학은 이단 중에서도 가장 나쁜 것이다. 양묵(楊墨)은 이미
> 낡았고 불노(佛老)는 너무 우활(迂闊)하다. 그러나 과거학에 이르
> 러서 가만히 그 해독을 생각해보면 비록 홍수·맹수로도 비유
> 하기에 부족하다(「위반산정수칠증언」).

과거지학의 주변 해독은 홍수나 맹수보다도 더하다 하였으니 도대체 과거지학의 내용은 어떠한 것이었을까. 그 이유를 다음과 같이 말하고 있다.

> 한번 과거학에 빠지면 곧 예악은 자신과 관계없는 일로 여기고 형정(刑政)은 잡다한 일로 간주한다. 목민하라는 직책을 주면 어리둥절하여 오직 이속들이 하자는 대로 따르며, 내직(內職)으로 들어가 재부(財賦) 옥송(獄訟)을 담당하는 관리가 되면 우두커니 자리만 지키고 앉아 봉급만 타먹으면서 오직 고례(古例)만을 물어 일을 처리하려 하고, 외직(外職)으로 나아가 군대를 이끌고 나가 적을 막는 권한을 맡기면 군대에 관한 일은 아직 배운 일이 없다 하고 무인을 추천하여 앞에 내세우니 천하에 장차 무엇에 쓸 것인가(「오학론」 4).

라 한 것을 보면 한 마디로 말해서 예악형정(禮樂刑政)이나 재부옥송(財賦獄訟)이나 갑병한어(甲兵捍禦)나 할 것 없이 소위 실무에는 하나도 쓸모없다는 것이다. 이러한 현인(?)을 뽑아서 무엇에 쓸 것인가.

그러므로 다산은 과거제도의 일대혁신을 요구하고 있다.

당시의 실정을 감안해서였던지 다산은 과거제도의 전폐까지는 주장하지 않았지만 개혁원칙으로서는 만민 평등의 기회를 갖게 함과 [입현무방(立賢無方)] 동시에 천거(추천)제도의 활용을 역설하였다.

> 여항(閭巷)에 사는 비천한 무리들이나 서북(西北, 함경도·황해도·평안도)의 버려진 선비들과 같은 자에 이르러서는 또한 따로 편의한 방책을 강구해야 하며 각각 진발(振發)하는 길을 열어놓음으로써 조정안에 어진 사람의 등용이 지역이나 신분을 가리지 않게 된다면, 우리나라 건극(建極)의 치도(治道)가 거의 길을 찾을 수 있을 것이다(「인재책」).

라 한 것은 '여항비천지인(閭巷卑賤之人)'이나 '서북심굴지사(西北沈屈之士)'에 대한 기회균등의 혜택을 주어야 함을 의미한다. 이는 비단 비천한 사람이나 서북 지역의 선비에 대한 정치적 평등을 주장함에 의의가 있을 뿐만 아니라 이러한 그의 주장의 사상적 본질은 근대 만민평등(萬民平等) 사상과도 명맥이 이어질 수 있다는 점에서도 우리의 관심을 끌게 하는 다산사상의 일면이 아닐 수 없다.

다산의 과거제도개혁(보완)책의 또 다른 하나는 추천제도의 활용이라고 할 수 있다. 지방수령은 재야에 묻혀 있는 현사(賢士)를 추천할 책임이 있다는 것이다.

> 우리나라에서는 원래 고법을 본받으니 매 식년마다 군현으로 하여금 현인을 추천하게 하였다. 중세 이래로 당의가 점점 고질화하니 그 당자(黨者)가 아니면 군현에서 천거된 자라도 다시 선용하지 않았다. 그러므로 이 법은 드디어 문구에 지나지 않게 되었다(『목민심서』).

그러나 이러한 제도는 운영의 묘를 얻지 못하는 한 그 실효를 거두기 어려우므로 점차 당쟁의 소용돌이 속에서 시들어지고 말았던 것이다.

어느 시대나 재야의 현인은 과시(科試) 거치기를 그리 달갑게 여기지 않는다. 그러므로 자천 아닌 타천(他薦)의 기회가 그에게는 마련되어야 한다. 현대 별정직 공무원제도는 곧 다산의 이러한 천거정신의 현대적 활용이 아닐 수 없다.

다산의 정치사상은 단적으로 말하자면, 공자의 예악정신을 본질로 하고 맹자의 왕도론을 기초로 한 현인 정치사상으로서 이를 그의 목민지도(牧民之道)를 통하여 현실적으로 재현시키고자 했던 것이다. 그리하여 제도는 주례를 본받아 방례로서 제도화하려고 했으며 왕도정신은 『목민심서』에 의하여 구현시키려고 하였다. 그러나 그의 정치사상은 한낱 저술에 그치고 그것의 실천은 보지 못했기 때문에 못내 아쉽기는 하지만 『목민심서』에 담겨진 그의 목민정신만은 시대의 변천에도 불구하고 목민관의 지표가 되고 있는 것이다.

제 5장

경제사상

1. 농정론

다산이 그의 경제사상의 기반을 농정에 두었다는 사실은 반계(磻溪)나 성호(星湖)처럼 당시의 시대적 배경이 그러했기 때문임은 다시 말할 나위도 없다. 그는 『목민심서』에서,

옛날의 현목은 권농에 힘을 써서 명성과 공적[聲績]으로 삼았으니, 권농이란 목민이 으뜸으로 힘써야 할 일이다(『목민심서』).

라 하였다. 이는 그가 농정을 중요하게 보는 중농주의(重農主義)를 취하고 있다는 사실을 단적으로 설명해 주는 것이 아닐 수 없다.

소위 당시에 있어서의 삼정의 문란이란 전정(田政)·군정(軍政)·양정(糧政)으로서, 그중에서 군정도 또한 군포(軍布)와 관련된 문란임을 생각한다면 모두가 다 농정(農政)의 문란인 것이다. 이를 바로잡기 위한 다산의 농정은 어쩌면 시대 광구(匡救)의 절실한 요청에 의하여 마련되었던 것인지도 모른다. 그가 강진으로 귀양 간 후 농촌의 심층부까지를 알게 되었기 때문에 더욱 절실한 농정확립을 꾀하

게 되었는지도 모른다.

다산의 시가(詩歌)나 『심서』·『유표』 등에 나오는 생생한 농촌기
록에서 이를 짐작하게 한다.

어쨌든 국가재정의 기반을 농정에 두었기 때문에 농정의 제1차적
목표는 삼정(三政)의 확립에 있다고 보아야 할 것이다.

첫째, 전정을 들 수 있다. 전정의 관리는 소유(所有)·경작(耕作)·
징세(徵稅)에 있으며, 이에 부수된 문제점들을 다산은 예리하게 관찰
하고 있다. 토지소유에 대하여 다산은 다음과 같이 말하고 있다.

> 전답에는 두 주인이 있으니 그 하나는 임금이요 그다음은 농부
> [佃夫]다. 『시경』에 이르기를 "온 천하는 왕의 땅이 아닌 것이
> 없다" 하였으니 왕은 그 주인이요, 또 이르기를 "우리 공전(公
> 田)에 비가 내려서, 마침내 우리 사전(私田)에까지 미친다" 하였
> 으니, 농부도 주인이다. 이 둘밖에 또 누가 감히 주인일 수 있을
> 것인가(「호남(湖南) 제읍의 전부(佃夫)가 조세 바치는 풍속을 엄
> 금하기를 청하려던 차자[擬嚴禁湖南諸邑佃夫輸租之俗箚子]」).

왕자(王者)는 국가를 의미하고, 전부(佃夫)는 경자(耕者)를 의미하므
로 국유토지에 경작자만이 주인일 수 있으며 중간지주는 일체 인정
하지 않는다[誰敢主哉]. 그러므로 다산은,

> 이제 농사짓는 자로 하여금 전답을 얻고 농사를 짓지 않는 자는
> 얻지 못하게 하려고 한다면, 여전법(閭田法)을 실행한다면 내 뜻
> 은 완수할 수 있을 것이다(「전론」 3).

라 하고 여전법을 창안하여 '농자득전(農者得田)'의 원칙을 수행하려
고 하였다.

경자유전(耕者有田)의 원칙에 따른 다산의 전론(여전론)은 항을 달
리하여 살펴보고자 하거니와 삼정의 하나인 환곡(還穀)에 대하여는
농민의 부담에 의한 세곡(稅穀)과도 깊은 관계가 있으므로 이는 징세
의 입장에서 살펴보아야 할 것이다. 아울러 군포(軍布)의 과징(過徵)
도 함께 문제 삼아질 수밖에 없다.

둘째, 다산의 중농정책의 일환으로서 병농일치제(兵農一致制)를 실
시하고자 한 점을 지적하지 않을 수 없다.

> 옛날에는 군사[兵]를 농민(農民)에게 소속시켰는데, 지금 여전
> 법을 시행하면 그 군사를 마련하는 데에 더욱 잘 될 것이다「전
> 론」7).

라 한 것은 다산의 병농일치제를 단적으로 설명해 주는 것이다. 이
를 현대적인 각도에서 풀어본다면 국방정책[병(兵)]도 국가의 경제정
책[경제적 기반, 농(農)]과 밀착(일치)되어 있음을 의미한다. 오늘에
있어서는 그것이 방위산업으로 승화되어 있음을 볼 수 있을 것이다.

그럼에도 불구하고 다산 당시에 있어서의 군정의 문란은 이만저
만이 아니었던 것이다. 소위 군적수포법(軍籍收布法)—군포법—은 중
종 때 양연(梁淵, ?~1542)에 의하여 비롯하였다 하거니와 이는 군역
을 세포(稅布)로 대신하는 것으로서 후일 군정의 암이 되었다.

> 첨정(簽丁)하여 군포를 거두는 법은 양연(梁淵)에서 비롯하여 오
> 늘에 이르렀는데, 그 폐단이 크고 넓어 백성들의 뼈를 깎는 병

이 되었다. 이 법을 고치지 않으면 백성들은 다 죽고 말 것이다
(『목민심서』, 「병전(兵典)」).

란 이를 두고 이른 말로서 본래의 취지는 장정(壯丁) 1인당 쌀 12말
포목 2필 대전 4냥씩을 내놓게 하여 군비에 충당하고 일정한 군졸을
양성하자는 데 목적이 있었지만 이 법은 후일 관계 직원들의 농간으
로 소위 황구첨정(黃口簽丁)이니 백골징포(白骨徵布)니 하는 극단적인
폐단이 생김으로써 군적은 거의 백지화되고 말았다.

이러한 상황에서 어찌 병농일치의 방위체제가 갖추어질 수 있었
겠는가. 군적이 바로 정비되지 않는 한 국방도 한낱 공염불이 되고
말 것임은 너무도 자명한 일이 아닐 수 없다.

다산이 그의 경제정책의 기반을 농정에 둔 것은 당시의 기간산업
이 바로 농업 때문이었음은 다시 말할 나위도 없지만 다산의 안목은
결코 거기에 머물러 있지 않고 과학기술의 도입에 의한 기타 산업부
문에도 관심을 기울인 바 있음을 간과해서는 안 될 것이다. 이 점에
대하여는 본 장의 말미에서 언급해 보기로 한다.

2. 전론―여전론

 농정의 기본은 아무래도 토지 관리 여하에 좌우된다고 볼 수 있다. 그러므로 토지 관리에 있어서 그의 소유권과 경작권의 문제는 무엇보다도 중요하다고 하지 않을 수 없다. 이 문제를 다산은 어떻게 해결하려고 하였을까. 그의 전론을 통하여 이를 살펴보고자 한다. 「전론」1에서 그는

 하늘이 인민을 낼 적에 그들을 위하여 먼저 전지(田地)를 두어서 생활하면서 먹고 살게 하고, 또 그들을 위해 군주(君主)와 목민관(牧民官)을 세워서 인민의 부모가 되게 하여 그 산업(産業)을 골고루 마련해서 함께 생활하게 하였다. 그런데도 군주와 목민관이 된 사람은 그 여러 자식들이 치고 빼앗아 남의 것을 강탈해서 제 것으로 만들더라도 이를 금지하기는커녕 팔짱을 끼고 쳐다만 보며 강자는 더욱 차지하게 하고 약자는 떠밀려서 땅에 넘어져 죽게 한다면 그 군주와 목민관이 된 사람은 과연 군주와 목민관 노릇을 잘 한 것일까? 그러므로 그 산업(産業)을 골고루 마련하여 다 함께 잘 살도록 한 사람은 참다운 군주와 목민관이고, 그 산업을 골고루 마련하여 다 함께 잘 살도록 하지 못하는 사람은 군주와 목민관의 책임을 저버린 사람이다.

라 하였는데 이는 생민균산(生民均産)의 사상으로서 당시에 있어서의 생산수단은 토지뿐이었기 때문에 토지제도의 개혁에 의한 균산을 생각하지 않을 수 없었던 것이다.

이는 국민소득―빈부―의 격차를 방지해야 한다는 근대사상과도 이어지는 다산의 국민경제관이라 할 수 있다. 그러므로 부익부(富益富) 빈익빈(貧益貧)의 현상은 시정되어야 한다고 주장한다.

"나라 안의 부인(富人)으로서 영남의 최씨와 호남의 왕씨 같이 곡식 1만 석을 거두는 자도 있는데, 그들의 전지를 계산하면 400결 이하는 되지 않을 것이니 이는 바로 3,990인의 생명을 해쳐서 한 집을 살찌게 하는 것이다"(「전론」 1)라 한 것은 한 집의 대지주를 위하여 3,990인의 소작자가 존재하는 제도는 허용될 수 없다는 것이다.

이를 시정하기 위하여 여전제(閭田制)를 도출하기에 앞서 다산은 정전(井田)·균전(均田)·한전제(限田制) 등을 다음과 같이 비판한다.

> 장차 정전제를 시행할 것인가. 아니다. 정전은 시행할 수 없다. 정전이란 한전(旱田)인 것이다. 수리가 이미 일어나 찰벼도 잘 되는데 수전을 버릴 수 있는가. 정전이란 평전(平田)이다. 벌목도 잘되고 산간도 이미 넓혀졌는데 여전을 버릴 수 있는가(「전론」 2).

고대 정전제는 한전(旱田)과 평전(平田)을 기초로 하였기 때문에 오늘과 같이 수전이 개척되고 산간이 개간되었기 때문에 정전이 비록 균산(均産)의 이상적 제도라 하더라도 오늘에 와서는 실시하기 어렵다고 비판한다.

> 장차 균전제를 시행할 것인가. 아니다. 균전은 시행할 수 없다.
> 균전이란 전답과 인구(人口)를 계산하여 균분하는 것이다. 호구
> 는 늘고 주는 것이 달마다 다르고 해마다 다르다. 금년에는 갑
> (甲)의 율(率)로 나누고 명년에는 을(乙)의 율(率)로 나누니 아무
> 리 계산이 밝다 해도 그 미세한 차이점을 살필 수 없다. 전지의
> 비옥하고 척박함의 구별은 경(頃)・묘(畝)에 제한이 없으니, 이를
> 균등(均等)하게 할 수 있겠는가「전론」2).

여기서 비판받는 균전제는 사실상 성호(星湖) 이익(李瀷)이 주장하
던 토지개혁론으로서, ① 국가에서 일가소유의 기준을 작성하여 그
에 상당한 전지를 제한한다. ② 제한한 영업전(永業田) 이외의 전지
는 무제한 자유매매(自由賣買)를 허가한다. ③ 영업전으로 제한된 전
지 내에서 매매행위가 있을 때는 엄벌한다. ④ 전지매매는 전안(田
案)에 기록을 마친 후 문권(文券)을 주고 엄격한 규제로서 매매를 방
지한다.

사실상 농민들에게 토지균분[영업전]이란 어려운 것이다. 인구의
증손(增損)에 따른 기준의 변동을 어찌 감당할 수 있겠는가. 더구나
토지란 면적의 균분(均分)뿐만 아니라 토지의 비옥하고 척박함도 생
산에 크게 작용하는 요건이므로 이런 조건들을 어찌 다 따질 수 있
겠는가. 그러므로 균전이란 하나의 이상론의 범위를 벗어날 수 없다
고 본 것이다.

다음으로 비판한 것은 연암 박지원의 한전론(限田論)이다.

> 한전제가 실시되어야만 겸병이 정식(停息)될 것이다. 겸병이 그

친 연후에 산업이 균등하게 되고 산업이 균등하게 된 연후에 농
민이 다 토착하게 되어 각각 자기의 토지를 경작하면서 부지런
함과 게으름이 분명하게 드러날 것이다. 부지런함과 게으름이
분명하게 드러난 후에 라야 농사를 권할 수 있으며, 농민을 훈
육할 수 있을 것이다[「연암한민명전의(燕岩限民名田義)」].

다산은 그의 「전론」에서

장차 한전제를 시행할 것인가. 아니다. 한전은 시행할 수 없다.
한전이란 전답을 사되 몇 이랑에 이르면 더 살 수 없고 전답을
팔되 몇 이랑에 이르면 더 이상 줄일 수 없는 것이다. 가령 내
가 남의 이름을 빌어 더 사서 보탠다 한들 누가 알 것인가. 가
령 남이 내 이름을 빌어 더 팔아 줄인들 누가 알 것인가. 그러
므로 한전은 시행할 수 없다[「전론」 2).

라 하여 한전론의 모순점을 지적하고 있다.
　균전(均田)이건 한전(限田)이건 간에 토지사유를 인정하고 있다는
점에 대하여 다산은 반대하고 있다. 토지는 모름지기 국유(國有)이어
야 하며 그러므로

농부로 하여금 전답을 얻게 하고 농사를 짓지 않는 자는 얻지
못하게 하면 좋을 것이다[「전론」 2).

라 하여 경작자―농자―에 한하여 농토(전)를 갖게 하고 경작하지
않는 자―불위농자(不爲農者)―는 토지(전)를 소유하지 못하게 해야
한다는 것이다. 여기에 다산의 여전론이 설 수 있는 소지가 있다.

　이제 농부로 하여금 전답을 얻게 하고 농부 아닌 자는 얻지 못

하게 하여 여전법(閭田法)을 시행하면 내 뜻은 완수할 수가 있다 (「전론」 3).

그러면 여전법이란 어떠한 제도인가.

무엇을 여전(閭田)이라 하는가. 산골짜기[山谿]나 천원(川原)의 형세에 따라 땅을 구획지어 경계를 만들고, 그 경계의 안을 '여(閭)'라 이름한다.……여(閭) 셋을 이(里)라 하고, 이(里) 다섯을 방(坊)이라 하고, 방(坊) 다섯을 읍(邑)이라 하고, 여(閭)에는 여장(閭長)을 둔다(「전론」 3)
여(閭)가 하나 있는데 30가(家)를 함께한 여(閭)로 한다(「전론」 4).

지세—산계(山谿) 천원(川原)—를 따른 경계선으로 한 구획을 만들면 그것이 여가 된다. 그러면 그러한 여들은 각자 어떻게 관리하는가.

무릇 1여의 전지는 1여의 사람들로 하여금 다 함께 그 전지의 일을 다스리되 파차(彼此)의 강계(彊界)는 두지 않고 오직 여장(閭長)의 명령을 들어야 한다. 하루하루 일을 할 때마다 여장은 그 일수(日數)를 장부에 기록하고 가을 추수 때가 되면 오곡(五穀)의 곡물을 모조리 여장(閭長)의 집으로 실어다 놓고 양곡을 분배한다. 먼저 공가의 세를 바치고 다음으로 여장의 녹을 바치고 그 남는 몫으로 날마다 역사(役事)한 내용대로 장부에 의거하여 분배한다(「전론」 3).

여장(閭長)의 명령을 청종(聽從)해야 하는 약간 명(30口)의 공동경작제라 할 수 있다. 그러므로 공동경작시의 용력(用力)이 많으면 배당곡량이 많고 용력이 적으면 그만큼 얻는 양곡이 적어진다. 그리고 국가조세와 여장(閭長)의 봉록만은 경작자 공동부담으로 되어 있다.

일을 많이 한 자는 배급분이 많고, 일을 적게 한 자는 배급분이 적으니, 어찌 힘을 다하여 높은 양을 차지하려고 하지 않겠는가 (같은 글).

여전제는 토지국유에 의하여 토지사유를 인정하지 않으며—균전한전제와 다른 점—적어도 다음 두 가지 효과를 노렸다고 보인다. 하나는 공동경작에 의하여 최대한의 노동력을 동원할 수 있으며 다른 하나는 무위도식(無爲徒食)하는 유민을 방지할 수 있다는 점이다.

여전제에 있어서 문제가 되는 것은 어떻게 하여야 농토가 농민들에게 고르게 분배될 수 있느냐는 점이다. 다산은 「전론」 4에서 그것은 자율적 조절기능에 의하여 10년 내에 '전지균(田地均)'이 이루어진다는 이상론을 펴고 있다.

상부에서 명령하지 않더라도 농민들의 택리(宅里)는 균등하게 되고 상부에서 명령하지 않더라도 농민들의 전지는 균등하게 되고 상부에서 명령하지 않더라도 농민들의 빈부는 균등하게 된다. 시행한 지 8, 9년이면 거의 균등하게 되고 시행한 지 10여 년이 되면 농민들은 대부분 균등하게 될 것이다.

농민들에게 거주의 자유, 이동의 자유를 허용하기 때문에 자율적 (自律的) 균등사회(均等社會)—농촌사회—가 이루어진다고 보고 있는 것이다.

다음으로 문제가 되는 것은 비농계급(非農階級)인 상공민(商工民)과의 관계는 어떻게 조절되어야 하느냐는 점이다.

그것은 상호교역에 의하여 이루어질 수밖에 없음은 너무도 당연하다.

농사를 짓는 자는 곡식을 얻고, 농사를 짓지 않는 자는 얻을 수
없다. 공업하는 자는 그들의 기구로써 곡식을 바꾸고, 상업하는
자는 그들의 화물로써 바꿔도 되니 걱정이 없다(「전론」 5).

그러나 사인(士人)―육체노동을 하지 않는 계급―지식인―들은 어
떻게 처우해야 할 것인가. 다산은 '유식금지론(游食禁止論)'(「전론」 5)
에서 다음과 같이 서술하고 있다.

대체 선비란 어떤 사람일까. 선비는 어찌하여 손발을 놀리지 않
고 남의 토지를 빼앗아 차지하고, 남의 노력으로 먹고 사는가?

라 하여 사인(士人)이라고 해서 타인의 토지수익을 무단 탄식(呑食)해
도 좋다는 특권이 허용될 수 없다고 주장한다.
그리고 그는 사인이 활동할 수 있는 분야를 다음과 같이 지적한다.

놀고서는 곡식을 얻을 수 없다는 것을 안다면, 또한 농사로 전
환해야만 할 것이다(같은 글).

라 하여 일차적으로 귀농(歸農)하든지,

꼭 농사로 전환할 수 없는 사정이라면 어떻게 할 것인가. 공업
(工業)이나 상업(商業)으로 전환해야 할 것이다(같은 글).

라 하여 상공인이 되든지 아니면

아침에 밭갈이하고 밤에는 돌아와서 고인(古人)의 책을 읽어야
할 것이다(같은 글).

라 하여 반농반사(半農半士)의 생활에 만족할 수도 있을 것이다.

그러나 이는 지식인들의 적극적인 본연의 임무는 아니다. 다음과 같은 적극적인 생활태도가 오히려 바람직할는지 모른다.

> 부잣집 자제들을 교육하면서 생활하는 자도 있을 것이다(같은 글).

라 하여 교육을 직업으로 삼든지

> 실리(實理)를 강구하고 토지의 적성(適性) 변별하고 수리(水利)를 일으키고, 기구(器具)를 제작하여 인력을 덜게 하고, 그들에게 원예 가꾸기와 가축 기르는 방법을 가르쳐서 농업을 돕도록 해야 할 것이다(같은 글).

라 하여 농사기술을 제공함으로써 생계를 유지하는 길을 트라는 것이다.

이는 사인의 전업을 권장하며 생활인으로서의 적극적인 자세를 종용하는 것으로서 그의 유민방지책(遊民防止策)의 일환으로서 요구되는 것이 아닐 수 없다. 뿐만 아니라 다산은 여전제에 의하여 세제 및 군제까지 함께 해결하려고 하였다.

세법은 십일세(什一稅)를 기준으로 하고 중간지주를 배제하려 하였다.

> 겸병하는 집을 없애고 십일세(什一稅)를 시행하면 나라와 백성이 함께 부강하게 될 것이다「전론」 6).

군역(軍役)에 관하여는 이미 병농일치제이었음은 위에서 논한 바 있으므로 여기서는 재론을 피하거니와 여전제의 조직이 그대로 군제 —민병제(民兵制)—로 조직화되어 있음을 지적해 두지 않을 수 없다.

이제 여(閭)에는 여장을 두어 그를 초관(哨官)으로 삼고, 이(里)에 는 이장(里長)을 두어 파총(把摠)이 되도록 하며, 방(坊)에는 방장 (坊長)을 두어 천총(千摠)으로 삼고, 읍(邑)에는 현령(縣令)을 두어 서 그로 하여 통제하게 한다면 전지가 마련되어 군사는 그 가운 데 있게 될 것이다(「전론」 7).

이상에서 개략 보아온 바와 같은 다산의 전론—여전론—을 홍이 섭은 다음과 같이 논하고 있다.

이 여전론은 토지관리에서뿐 아니라 다산학에 있어 정치경제론 의 총체적인 결론이기도 하다(『정약용의 정치경제사상연구』, 113쪽).

3. 조세론

농본 국가에서의 전제는 그것이 곧 세제의 기본이 된다. 그것은 여전제에서도 이미 언급한 바와 같이 여전제의 확립은 곧 세제의 확립으로 통했던 것이다. 다시 말하면 토지개혁—여전제—에 의한 세제확립을 의미한다.

여전제에서의 십일세법(什一稅法)은 곧 난마(亂麻)와 같은 세제의 문란을 광정(匡正)하기 위한 이상적 목표를 제시한 것이니 이는 중국 주대 전조법(田租法)인 철법(徹法)의 현대적 재현으로 간주된다. 그러므로 다산의 세법은 역시 고대 유교사상의 원용이라는 테두리 안에서 이루어진 것임은 다시 말할 나위도 없다.

> 하후씨(夏候氏)는 50두락을 주어 공세(貢稅)를 내게 하고, 은(殷)나라 사람은 70두락을 주어 조경(助耕)하도록 하고, 주(周)나라 사람은 100두락을 주어 철세(徹稅)를 내게 하였으니 실상은 모두 십분의 일세[什一稅]인 것이다. 철이란 함께 경작하는 것이요, 조란 힘으로 도와주는 것이다(『맹자』, 「등문공 상」).

그러나 세제의 문란은 오로지 중간 협잡에 의한 것으로 본다. 다소 장황하지만 다산이 강진 유배지에서 목도한 한 사례를 다음에 적기한다.

내가 남도(南土, 강진)에 유락한 지 17년이 되는데 강진 일 현의 세법만을 시론하더라도 놀랄 일이 한이 없어 보통 생각만으로는 헤아릴 길이 없다. 지금 본 현의 가경(嘉慶) 기사년(己巳年) 분(分)의 대개 상황을 쓰면 다음과 같은데 이 일 현을 가지고 추리하면 타읍(他邑)도 가히 알 수 있을 것이다.

기사년 가을의 대개 상황

하지하전(下之下田) 1306결 88부 3속

황두평(黃豆平) 348섬 7말 5되 3홉 2작

하지중전(下之中田) 621結 52負 1束

황두평(黃豆平) 248섬 9말 1되 2홉 6작

하지하답(下之下畓) 343결 2부 8속

조미평(糙米平) 91섬 7말 1되 1홉 2작

하지중답(下之中畓) 1392결 71부 1속

조미평(糙米平) 557섬 1말 2되 6홉 6작

상고해 보건대 기사년은 큰 흉년이 든 해였다. 그해에 한재(旱災)·충재(蟲災)·풍재(風災) 및 채 이앙(移秧)하지 못한 것 등으로 재해로 줄어든 수는 모두 2,460결이었다. 다 하하답(下下畓)으로 제감(除減)하였기 때문에 하하지답(下下之畓)의 수는 위와 같았다. 만약 평년에 의거한다면 재해로 줄어든 것은 불과 400여 결에 지나지 않고 하하지답(下下之畓)은 본래 3,340여 결에 해당할 것이다. 또 제읍(諸邑)의 면세답(免稅畓)도 또한 다 하하답(下下畓)으로 제감(除減)하는 까닭에 그 수가 여기에 그친다. 만약 이들을 함께 통계한다면 하하지답(下下之畓)은 당연히 3,000여 결이 되어야 할 것이다.

총괄해서 본다면 소위 하중(下中)·하하(下下)는 연분(年分)의 이름이지 전등(田等)의 이름은 아니다. 연분법(年分法)은 시행할 수 없는 까닭에 비록 대풍이 든 해라도 하삼등(下三等)에서 벗어나지 못하고 대흉이 든 해라도 하삼등(下三等)은 고칠 수 없는 것이다. 이렇게 시행한 지가 오래되고 보니 드디어 예사로 되어버렸다. 본현(강진)의 서리들은 드디어 연분(年分)을 가지고 전등으로 여기며 매양 말하기를 "강진에는 본래 하중(下中), 하하(下下) 두 등급의 전(田)이 있다" 하고 하(下)·중(中) 두 글자는 본시 9등급의 한 목으로 되어 있고 6등급에는 그런 목이 없음을 모르고 있다. 또 강진의 전은 본래 높은 등급에 들어 있는 까닭에 1두락의 세액이 혹자는 8부나 9부에 이르기도 하고 적어도 4부나 5부를 내려가지 않는다. 이들을 하하(下下)나 하중(下中)으로 한정해버리니 그런 이치가 있겠는가.

내가 소위 두렵게 여기고 있는 것은 다름 아니라 무릇 본 현의 전(田) 1결은 다 6말을 납부하며 혹자는 한 뙈기 전(田)이 없어도 4말을 납부한다니 그 하하전(下下田)에도 2말을 가징(加徵)하는 것이 분명하다. 또한 한전세(旱田稅)에서도 다 백미 6말을 징수하며 한 뙈기밭이 없더라도 혹자는 황두 4말을 납부하기도 한다. 우리나라 준절법(準折法)으로는 황두 2말은 백미 1말에 해당한다. 그렇다면 그 백미를 두 곱으로 해서 증수하는 것이 분명하다. 잉여분(剩餘分)을 통계하면 하하전(下下田)에다 가징한 백미만 해도 매년 2,619말이요 황두인 까닭에 가징(加徵)한 것이 또 2,619말인 것이다. 하하답(下下畓)에 가징한 백미가 686말이니 이들을 함께 합하면 5,924말의 백미인데 나라에서는 모르는 일이지만 백성들은 내고 있는 것이다. 현령은 늠료(廩料)로 여기지 않고 감사는 녹봉(祿俸)으로 여기지도 않으며 태창(太倉)은 모르고 있고 호조(戶曹)도 알지 못하고 있다. 오직 한두 향리만이 하늘이 준 녹(祿)으로 알고 있으니, 고금 천하에 이런 일도 있을 것인가.

내가 본 것은 마침 1개년뿐이었지만 만약 평년이기에 제감(除減)이 많지 않다면 하하전(下下田) 2,000여 결에서 또 백미 4,000말을 얻을 수 있을 것이다. 그 수를 통계하면 10,000말은 넘게 될 것이다. 내가 본 것은 마침 이 1현뿐이지만 호남 53읍이 반드시 읍읍(邑邑)마다 다 그러할 것이다. 그 수를 통계하면 장차 10,000섬은 넘을 것이니 어찌 한탄할 노릇이 아니겠는가.

진실로 그 근원을 캐본다면 전답의 등급 위에다가 연분(年分)을 덮어씌웠기 때문이다. 호조(戶曹)나 감사(監司)는 단지 하하(下下)의 전답에서는 응당 하하(下下)의 세액을 징수해야 하는 것으로 알고 있을 뿐 이런 것이 있는 줄은 까맣게 모르고 있는 것이다. 향리가 비록 여리(閭里)를 잠행하더라도 1결에 6말을 납부하는 일을 백성들은 예사로 여기며 그것을 천분(天分)인 양 안정되어 있으니 절대로 원성이 나오지를 않는다. 향리인들 어찌 알 수 있을 것인가. 조정에서 안다는 것은 오직 은결(隱結)과 누결(漏結)뿐이니 은결과 누결은 그것을 이 일과 비교해 본다면 참으로 하찮은 시마(總麻)나 소절복(小切服)만을 살피는 따위인 것이다. 몰래 훔친 것이 이미 함부로 넘치니 교만과 사치가 생기고 권문세도와 교제도 맺으며 위복(威福)을 함부로 거리낌 없이 행하니 이런 짓을 그대로 맡겨둔 채 금단(禁斷)하지 않으면 백성들의 살림이 쇠잔해지고 나라가 멸망하되 그것은 반드시 이속들에 달렸으니 적이 통한하지 않을 수 없다(『경세유표』).

이상과 같은 다산의 고발은 실로 역사적 증언이 아닐 수 없다. 그가 결론지은 민잔국망(民殘國亡)은 예언처럼 조선 왕조의 종언을 고하는 조종인 양 패망(敗亡)과 연결 지어졌으니 실로 이속의 서정(庶政) 문란이 이처럼 엄청난 결과를 가져온다는 역사적 산 교훈이 아닐 수 없다.

백성을 괴롭히는 제도에 조세(租稅)의 농간만이 있는 것이 아니라 환곡(還穀)이라는 것이 있다. 환곡제의 본래의 취지는 사창제(社倉制)의 유법으로서 저곡(儲穀)·반곡(頒穀)을 향사(鄕社)에서 자치적으로 담당·관리하던 위민제도이었던 것인데 점차 민폐의 근원이 되었다.

그 법이 처음에는 사창을 본받았으나 점차로 관고(官庫)가 되었고 지금에 와서는 드디어 환상(還上) 된 것이다. 원래 이 법을 만든 본뜻은 반은 백성의 양식[民食]을 위함이요, 반은 나라의 경비[國用]을 위한 것이니 어찌 반드시 백성에게 모질고 사납게 하기 위해 만든 것이겠는가?(『목민심서』, 「호전」)

그러나 당시의 환상제(還上制)는 본래의 취지와는 근본적으로 다른 양상을 띠기에 이르렀음을 다산은 지적하고 있다.

환상(還上)은 사창(社倉)이 한번 변한 것이니 조(糶)도 아니요 적(糴)도 아니며 민생들의 뼈를 깎는 병폐가 되었으니, 백성이 죽고 나라도 망하는 일이 경각(頃刻)에 달려 있다(같은 책).

왜 그런가. 다산은 다음과 같이 말하고 있다.

요즈음은 많은 사람들이 환상(還上)을 사창(社倉)의 유법(遺法)으로 생각하나 사창(社倉)은 곡식을 저장하고 나누어 주는 것을 모두 향사(鄕社)에서 하였고, 관리는 관여하지 않았으니, 이는 인민을 위한 실심(實心) 때문인 것이다(같은 책).

라 하여 사창제(社倉制)는 향사의 완전자치제이었다. 그러므로 다산은 이어 말하기를,

요즈음 환상법(還上法)과는 하늘과 땅처럼 다르다.……요즈음은 폐단 위에 또 폐단이 생기고, 문란에 문란을 더하여 구름이 변하듯 안개가 사라지듯 모래가 흘러내리고 파도가 용솟음치듯 하여 천하에 따져서 밝혀낼 수 없는 것이 되었다. 나라에서 쓰는 경비를 보충하는 것이 10분의 1이요, 여러 아문(衙門)에서 관장하여 자기들의 몫으로 삼는 것이 10분의 2요, 군현의 아전들이 농간질하여 판매해서 스스로 장삿속으로 이득으로 취하게 되는 것이 10분의 7이니, 한 톨의 곡식도 농민들은 일찍이 그 꼬투리조차도 본 적이 없는데도 거저 가져다 바치는 미곡(米穀)이나 조가 해마다 천이나 만석이 되니 이는 부렴(賦斂)이지 어찌 진대(賑貸)라 할 수 있겠는가. 이는 늑탈(勒奪)이지 어찌 부렴(賦斂)이라 할 수 있겠는가(같은 책).

라 하여 사창제(社倉制)와는 천양지차(天壤之差)로 일변하여 완전히
부렴(賦斂)보다도 더한 늑탈수단화(勒奪手段化)했다는 것이다.

> 환상(還上)이 병폐가 되는 까닭은 그 법이 근본적으로 어지럽기
> 때문이다. 근본이 이미 어지러우니 어찌 그 끝이 다스려질 수
> 있겠는가(같은 책).

라 하여 이미 그 근본이 문란해졌는데 그 근본이 문란하다 함은 무
엇을 가리킨 것일까.

> 근본이 어지럽다는 것은 무엇인가. 첫째, 환곡의 명복이 어지러
> 운 것이요, 둘째, 관장하는 아문(衙門)이 어지러운 것이요, 셋째,
> 석수(石數)가 어지러운 것이요, 넷째, 모법(耗法)이 어지러운 것
> 이요, 다섯째, 순법(巡法)이 어지러운 것이요, 여섯째, 분류(分留)
> 가 어지러운 것이요, 일곱째, 이무(移貿)가 어지러운 것이요, 여
> 덟째, 정퇴(停退)가 어지러운 것이다. 이 여덟 가지 어지러움이
> 폐단을 낳는 큰 줄기요 여기에서 천 갈래 만 갈래가 불어나게
> 되니, 이제 이들을 모조리 지적하고 논할 수는 없다. 무릇 천고
> (千古)를 헤아려 보더라도 일찍이 이재(理財)를 이처럼 하면서도
> 스스로 나라를 다스렸다고 하는 예는 찾아볼 수가 없다(같은 책).

이상과 같은 8란(亂)은 그 대강에 지나지 않고 수신(守臣)들의 농
간질과 작간(作奸)은 헤아릴 수 없으나, 다산은 또 다음과 같이 지적
하고 있다.

> 수령의 농간질은 그 구멍 또한 많다. 법을 어긴 것만을 대강 세
> 어 봐도 그 이름이 여섯이 있다. 첫째, 번질[反作]이오, 둘째, 가
> 분(加分)이오, 셋째, 허류(虛留)요, 넷째, 입본(立本)이오, 다섯째,
> 증고(增估)요, 여섯째, 가집(加執)이다(같은 책).

번질[反作]이란 무엇인가. 겨울이 되어 양곡을 거두어들여야 하는데 기한을 연말로 해놓고 이에 거두어들이지 못한 것을 거짓 거두어들인 양 문서를 꾸며 감사에게 보고한다. 이내 새봄이 되면 원래 양곡을 나누어 주지도 않고 거짓 다시 나누어 준 것처럼 문서를 꾸며 상사에게 보고한다. 이것을 번질이라 하고, 이것을 와환(臥還)이라 한다. 평안도·황해도의 관례는 와환미(臥還米) 1석에 돈 1냥씩 토색(討索)하는데 이것을 와환채(臥還債)라 하여 혹 아전들이 먹기도 하고 수령이 먹기도 한다.

가분(加分)이란 무엇인가? 원래 관고(官庫)에 남겨두어야 할―비상용으로 재고의 절반은 항상 창고에 유치(留置)해 두어야 한다―분까지 이식을 취하기 위하여 대출하는 것을 의미한다.

허류(虛留)란 무엇인가? 전관(前官)이 아전의 포탈을 덮어둔 채 인계하여 준 것 모두가 거짓으로 기록한 것인데 나 또한 꺼려서 곧 적발하지 않고, 혹 사정에 어둡고 소홀하여 곡부(穀簿)가 무엇이며, 포흠(逋欠)이 어떠한 것인지를 모르고 사철마다 감영에 보고하는 장부에는 분명히 창고에 유치해 둔 것이 몇 석이 있으나 창고 안을 보면 텅 비어 하나도 없다. 혹시 비변사낭청(備邊司郎廳)이 농간을 적발하거나 감영의 비장과 아전이 적발하더라도 뇌물 거래가 이미 일반화된지라 허물을 캐내지 않고 그렁저렁 덮어두니 드디어 고질병이 되어 버렸다. 이제 모든 고을의 곡부(穀簿)는 모두 허록(虛錄)을 안고 있을 따름이다. 모두가 고리대 자본으로 유용되었기 때문이다.

입본(立本)이란 무엇인가? 혹 가을에 돈을 손에 잡고 그 이익을 먼저 훔치기도 하고 혹 봄에 돈으로 나누어 준 후 그 이익을 거두어들이기도 한다. 보리도 또한 그렇게 하니, 이것이 이른바 수령의 요판(料販)이다. 가령 갑년(甲年)에 흉년이 들면 환조(還租) 1석 값이 2냥인데 이를 돈으로 대납하게 하면 백성들은 기꺼이 이에 응한다. 을년(乙年) 봄이 되면 백성들은 바야흐로 굶주린지라 관에서는 그들에게 말하기를 "금년(今年) 가을에 풍년이 들면 벼 1석 값이 불과 1냥일 것이니, 너는 지금 돈으로 가져다 먹고 가을에 벼[租]로 바치면 좋지 않은가" 하면 백성들은 또 기꺼이 이에 응한다. 그러는 사이에 이익으로 남는 돈이 1냥이니 만약 1천 석을 가지고 있다면 그 돈은 1천 냥이 될 것이다. 이것이 이른바 입본(立本)이라고 하는 교묘한 방법인 것이다.

증고(增估)란 무엇인가? 감사가 관문(關文)을 띄워 어떤 아문의 곡식 2천 석을 상정례(詳定例)에 따라 작전(作錢)하라고 하였는데, 상정례(詳定例)가 쌀 1석에 3냥이요, 벼[租] 1석에 1냥 2전인데, 본 현의 시가(時價)는 쌀 1석에 그 값이 5냥이요, 벼 1석에 그 값은 2냥이니 시가로서 농민에게서는 징수하여 상정례(詳定例)로써 상사에게 바친 후 거기서 남는 이익을 훔쳐 제주머니를 채우니(쌀 2,000석을 1석마다 2냥씩을 훔치면 4천 냥이다) 이를 증고(增估)라 한다.

가집(加執)이란 무엇인가? 위에서 논한 그 아문(衙門)의 곡식을 감사는 다못 2,000석만 작전(作錢)할 것을 허락할 뿐인데 현령은 또 게다가 2,000석을 더하여 집행하니 통틀어 4,000석을 돈으로 대신 징수한다. 이미 상정례(詳定例)에 의한 차액을 훔치고 또 가집(加執)한 본전을 훔치니, 그 이듬해 봄에 환분(還分)할 때에 3냥을 집집마다 나누어주고 추수할 시기를 기다려 쌀로 거두어서 입본(立本)하면 매 석마다 2냥이 또 남는다. 2,000석을 가집(加執)하면 그 이익이 4천 냥이다.

아전들이 농간을 부리는 데는 천만 가지가 있는데, 그 구멍도 무수하다. 그 이름은 대략 12가지가 있다. 첫째, 번질[反作]이요, 둘째, 입본(立本)이요, 셋째, 가집(加執)이요, 넷째, 암류(暗留)요, 다섯째 반백(半白)이요, 여섯째, 분석(分石)이요, 일곱째, 집신(執新)이요, 여덟째 탄정(呑停)이요, 아홉째, 세전(稅轉)이요, 열째, 요합(徭合)이요, 열한째, 사혼(私混)이요, 열두째, 채륵(債勒)이다. 이들은 모두 붓끝에서 놀아나고, 주판을 굴리는 대로 돌아가는 것이다. 구름이나 안개처럼 변하고 물결이 출정이듯 모래가 쌓이듯 하니, 공수(龔遂)와 황패(黃霸)도 능히 살피지 못할 것이요, 양염(楊炎)과 유안(劉晏)이라도 능히 다스리지 못할 것이다. 수령으로서 이런 일을 치러보지 않고서 장차 어떻게 그들의 농간을 밝혀낼 수 있을 것인가(같은 책).

아전의 번질과 수령의 번질이 다른 점은 다음과 같다[이하동以下同]. "겨울철 되어 환곡을 거두어들일 때에 아직 거두어들이지 못한 것을 아전이 포탈하는 것이다. 가난한 백성의 집에는 항아리와 단지가 모두 빈탕이 되어 있으니, 쌀 한 줌이라도 거두지 않은 것이 있을 턱이 없다. 결국 번질은 누구 때문일까. 10월 창고를 열 때 아전이 포흠(逋欠)한 것이 아직도 숨겨져 있으련만 세말(歲末)이 되어서야 수리(首吏)가 이내 고하기를 '어느 아전은 쌀 500석을 내놓을 길이 없습니다. 만약 이제 잡아내면 꼴찌[居末]를 면키 어렵습니다. 먼저 문서를 꾸며서 감영에 보고한 후 천천히 의논하여 거두어들이도록 하면 별다른 일이 없을 것입니다' 한 즉 수령은 이를 충직한 말로 간주하고 고개를 끄덕이며 그대로 수긍한다. 이 때문에 번질이 해마다 그대로 있는 것이다."

입본(立本)이란 이런 것이다. "아전이 장차 입본하려고 하면 먼저 그의 상관을 유혹하되, 창문 앞에 엎드린 채 달콤한 말로 속삭이면 수령은 이내 귀를 기울여서 묘책이라고 생각하여 드디어 이 아전을 순수한 충복으로 믿는다. ……"

가집(加執)이란 무엇인가. "아전이 수령을 유인하여 그로 하여금 가집하게 하는 것을 관가(官加)라 하고, 아전이 그의 수령을 기만하여 밑에서부터 가집한 것을 이가(吏加)라 한다. 감영에서 2,000석을 작전(作錢)하는데 수령이 1,000석을 가집하면 아전은 그 사이에서 또 800석을 가집하여 여러 동리(洞里)에 배당한다. 어느 집은 몇 말, 어느 집에 몇 말 하는 식으로 조목조목 타산(打算)하여 때마침 10석이 되더라도 장부끝에 적혀 있는 총 수는 8석에 지나지 않으니, 수령이 비록 밝게 살핀다 하더라도 단지 그 끝수만을 계산할 것이니, 어찌 이를 밝힐 수 있을 것인가."

"암류(暗留)란 나누어 줄 것을 나누어 주지 않는 것이다. 곡가가 오르려고 하면 아전과 수령이 합의하여 나누어 주지 않고 창고에 눌러 두었다가 시가가 오를 대로 오르면 이에 팔아넘긴다. 곡가가 떨어지려고 하더라도 아전과 백성이 의논하여 나누어 주지 않은 채 창고에 눌러 두고 싼값으로 사들였다가 서서히 이익을 도모하며 다못 나누어 줬다는 문서만을 상사에게 보고하는 것이니, 이를 일러 암류라 한다."

"반백(半白)이란 천하에 원통한 노릇이다. 반 섬의 곡식을 아전이 까닭 없이 훔치고 반 섬의 곡식은 농민이 이유 없이 바치는 것을 말한다. 매양 환곡을 나누어줄 시기가 될 때를 당하여 권력 있는 아전과 재력 있는 아전이 마음의 유력재[村豪]를 불러 유혹하기를 '네 마을에서 받아갈 환곡이 40석인데 창고 안에서 줄고 겨와 쭉정이가 섞여 있어서 받아다가 키질을 하면 20석도 되기가 어려울 것이다. 게다가 오가며 받아가는데 이틀 품을 버릴 것이요, 간색미·낙정미·모고·타섬미로 몇 말의 비용이 들어갈 것이니 장차 무슨 이익이 있겠는가. 내게 한 방책이 있으니 어떠한가' 하고 말한다. 마을 유력자가 대답하기를 '무엇인가요. 오직 시키는 대로 하지요.' 아전이 말하기를 '내가 마침 궁핍한 봄철을 당하였는데 어찌 조그만 피해를 피하겠는가. 그 40석을 모조리 나를 주면 내가 장차 그것을 먹고 금년 가을에 그대가 그 반을 내놓고 내가 그 반을 바치면 좋지 않겠는가. 간색미·낙정미·모곡·타섬미를 내가 부담한다면 내가 바치는 것은 그 반도 넘는 셈이야.' 유력자가 말하기를 '큰 다행입니다. 감히 따르지 않겠습니까.' 계약서[券契]가 이미 작성되면 유력자는 그대로 돌아가고, 또 다른 유력자를 불러 이처럼 약정(約定)한다. 10마을과 약정을 하면 모두 400석의 곡식을 얻게 된다. 이에 곧장 창고의 문을 열어서 알차고 축나지 않은 곡식섬을 골라 200석을 자기가 가지고 나와서 드디어 그것을 착복하고 200석은 그대로 묵혀 둔다. 가을이 되어 창고를 열게 되면 곡식 10여 석만을 준비하여 겨와 쭉정이를 섞어 40석을 만들어 놓고 그것을 모조(耗條)라 하여 창고에 넣는다. 그러면 10마을 백성들은 일찍이 꿈에서라도 곡식 껍질마저 본 일이 없는데도 스스로 곡식 200석을 마련하여 창고 안에 넣어준다. 아전들은 440석의 자문(尺文)을 백성들에게 나누어 준다. 백성들은 흔연히 감사하기를 '어른이 충신(忠信)하여 털끝만큼도 어긋남이 없습니다. 바라옵건대 내년에도 이러한 혜택을 베풀어주십시오' 하니 이를 반백이라 이른다.

분석(分石)이란 전래되어 오는 구법(舊法)이다. 내가 처음 강진현 읍내 주막에 거처를 정했는데 주가의 노파가 바람에 까불고 키질한 데서 나온 겨와 쭉정이를 따로 모아서 하 곳에 쌓아두는 것을 보았다. 내가 어디에 쓰느냐고 물었더니, 주가의 노파는 말하기를 '창리(倉吏)가 미리 돈을 민가에 나누어 주고 이것을 거두어 갑니다. 어디다 쓰는지 새삼스럽게 말해 무엇합니까' 하고선 하하하 웃었다. 내가 다산에 우거(寓居)할 때 창리의 아우가 갯마을[浦村]을 돌아다니면서 돼지먹이 겨와 쭉정이 수백 섬을 사간다는 말을 들었는데 이도 또한 분석하기 위한 것이다. 아전이 바야흐로 곡식을 거두는 날에는 까불고 키질할 뿐 아니라 말질도 고봉으로 높이 하여 창고에 넣고 봉한다. 이내 밤이 되면 촛불을 켜들고 창고 안으로 들어가 곡식을 꺼내어 겨를 섞되 1석을 2석으로 나눈다. 심한 경우에는 3석, 4석까지 나누어 원래의 숫자에 충당한 후 온전한 알곡섬은 훔쳐서 제 집으로 가져간다. 이를 분석이라 이른다.

집신(執新)이란 무엇인가. 번질·입본·가집·암류는 곧 묵은 곡식을 나누어주지 않고 그대로 묵히고 묵히는지라 이미 썩고 좀 먹은 것을 농민들에게 나누어 주는데, 아전들이 차지하는 것은 모두 새 곡식이다. 묵은 곡식을 가지고서 새 곡식과 바꾸어 치기 하니 백성들이 이를 원망한들 수령에게 어찌 들리겠는가.

탄정(呑停)이란 세상에도 원통한 것이다. 큰 흉년이 들 때마다 연말이 되면 조정에서는 비로소 정퇴(停退)하라는 영(令)을 내린다. 노회한 아전[老吏]은 그 일을 미리 짐작하고 민간에서 곡식 거둬들이는 일을 한결 화급하게 서두른다. 현관(縣官)을 면전에서 속여서 백성에게 마구 매질을 하며, 가만히 향갑(鄕甲)에게 부탁하여 혹독하게 뒤져서 거둬들인다. 동짓달 그믐이면 수납은 이미 끝난다. 오직 힘 있는 아전이 팔아먹은 것이나 허랑(虛浪)한 아전이 포흠(逋欠)한 것만이 빈 숫자[虛額]로 남는다. 감영의 관문(關文)이 이미 이르면 아전이 수령에게 고하기를 "외촌(外村) 것은 이미 다 거둬들였고 읍중에서 아직 거두지 못한 것이 아직도 이처럼 많습니다. 거말(居末)의 액운을 면치 못하게 된 판에 천행으로 이와 같이 정퇴령(停退令)이 내린지라 우리 읍은 이제 아무 일이 없겠습니다"라고 한다. 수령도 또한 기뻐하며 자기의 벼슬복으로 생각하고 아전이 하자는 대로 들어주니 드디어 아전들이 팔아치우거나 포흠한 것으로 이 정퇴한 액수를 충당하게 되니, 이때에 정퇴한 액수 중 한 톨도 농민들에게는 혜택이 미치지 못하니 원통하고 슬픈 일이 아닐 수 없다.

세전(稅轉)이란 무엇인가. 혹 환곡이 전이하여 세미(稅米)로 삼거나 혹 세미를 전이하여 환곡으로 삼는 것이다. 아전이 창고에서 포흠을 내어 세 번 네 번 뒤집고 굴리는 것이니 겨울에는 창고의 포흠이 되고 봄이 되면 세미의 포흠이 된다. 이것은 마치 더위를 타는 사람이 여름에 더위 병을 앓다가 겨울에 냉병으로 돌아서는 것과 같아서 끝없이 돌고 돌지만 그 근본은 한 가지 병인 것이다.

요합(徭合)이란 무엇인가. 민고(民庫)의 여러 가지 요역(徭役) 모두 조로써 징수하는데 결환(結還)의 읍에서는 매 결마다 몇 말이 요, 통환(統還)의 읍에서는 매호마다 몇 말이라 하여 수시로 소용에 따라 징수하기도 하고 혹은 환상(還上)에 혼합하여 섞어서 출고하기도 한다. 환상(還上)과 섞어서 출고하는 경우에는 곧 색락(色落)이 있기도 하고 타섬(打苫)이 있기도 하여 이것만으로도 이미 함부로 하는 짓이다. 이것이 민생의 큰 병폐가 되는 까닭은 다름 아니라 창고 안에 다못 공곡(公穀)만이 있으면 그 수과 방출에 모든 관문(關文)이 모두 영문(營門)을 거치게 되니 관과 의논하지 않고서는 번롱(鱗弄)하기 어려운 것이다. 그러나 만약 요조(徭租)나 이조(吏租)가 그 안에 섞여 있다면 그것을 빙자하여 도적질의 소굴로 삼아 마음대로 밀어 넣고 빼내다가 값이 오르고 내림에 따라 농간·판매하니 한 섬의 썩은 생선이 그 냄새를 풍기는 것과 같다. 이것은 마치 전세(田稅) 중에 혹 궁결(宮結) 섞여 있거나 혹 요미(徭米)가 섞여 있으면 양호(養戶)와 방납(防納)하는 자는 이를 빙자하여 도적질을 하되 싫도록 해먹는다. 사혼(私混)이란 남방에는 이른바 고급조(考給租)라는 것이 있는데 혹 이고조(里考租)·회대조(回貸租)·회두조(回頭租)라고 부르기도 하는데, 곡식으로 거두기도 하고 돈으로 거두기도 하며, 전결(田結)에 부과하기도 하고 가호(家戶)에 부과하기도 한다. 신분의 귀천(貴賤)을 가리지 않고 징수하기도 하고, 호호(豪戶)에는 징수를 면하기도 한다. 고을에 따라서 많기도 하고 적기도 하며 혹 있기도 하고 없기도 한다. 구걸을 명목으로 거두기도 하고 혹 환상(還上)과 함께 섞어서 내도록 하기도 한다.……애초에는 서원(書員)이 향리(鄕里)로 나아가 소민(小民)들이 모여 사는 곳에 몰래 다니면서 명목도 없는 물건(돈)을 구걸한다. 소민들은 안면과 인정에 끌리기도 하고, 또 이 아전이 이미 전권(田權)을 쥐고 있고 또 향리의 사정을 잘 알고 있기 때문에 그의 욕심을 채워주지 않는다면 반드시 음해(陰害)가 있을 것을 두려워한다. 이에 몇 말 곡식을 주기도 하고 돈으로 몇 푼을 주기도 한다. 강제로 요구하되 염치가 없고 해마다 그 비율이 늘어만 간다.……채륵(債勒)이란 무엇인가. 수령의 어리석음이 이미 지나치고 아전들의 횡포가 지나치면 환상(還上) 한 가지 일도 드디어 난잡하여 무법한 것이 된다. 저채(邸債)·약채(藥債)·이채(吏債)·노채(奴債) 같은 것은 한 번 빚지기만 한다면 환자와 함께 뒤섞어내게 하는데 그 명목인즉 저리(邸吏)나 약옹(藥翁)이나 이 아전 저 노비가 모두 창고의 포흠을 지고 있기 때문에 이것을 환자와 함께 내는 것이라고 하지만, 실상은 그렇지 않다. 무릇 사채로서 회수가 가능한 자것이 있으면 먼저 아전과 의논하여 창고를 열고 곡식을 꺼내서 이익을 좇아 장사를 하여 거기서 남는 몫을 따먹는다. 10월이 되면 또 사채(私債)는 월리(月利)를 계산하여 이를 시가대로 곡식으로 환산하여 환자와 함께 섞어 내도록 하는 것이다. 이미 나라곡식을 도적질하여 그 이익을 먼저 따먹고 또 이자 돈을 계산하여 그 이식을 거듭 받아내니 탐욕도 너무하지 않은가(『목민심서』 권5, 18~23쪽).

환곡(還穀)이란 흉년 춘궁기에 빈민에게 양곡을 대여했다가 풍년 추수기에 환납시키는 진휼제도이었는데 "한 알의 곡식도 백성들은 그것이 돋아나는 것도 거의 보지 못[一粒之穀 民未嘗微見其末]"한 백성들에게서 백주에 환곡이란 명목으로 거두어들이되 이렇듯 수령·서리의 번롱(飜弄)과 작간(作奸)이 더욱 심하였으니,

농민들은 물 불 속에서 울부짖고 있는데 재상들은 묘당 위에 앉아서 바야흐로 정유구(政由舊) 세 글자만을 차고 지극한 담론[至談]이라 하고 있으니 슬프다. 이 일을 어찌하면 좋을까(같은 책).

이를 교정하지 않고서는 민생의 생도는 막연하였던 것이다. 그러므로 이 개혁책은 바로 이상의 작간(作奸)을 방지하는 데 있었던 것이다.

첫째는 '곡식의 이름을 정하는 것[一曰定穀名]'(「환향의(還餉議)」)이니, 우리나라의 곡식은 벼[稻]·기장[粱]·콩[菽]·보리[麥]·팥[豆]으로서 벼와 조[粟] 또는 콩과 팥을 동일한 부류로 간주한다.

둘째는 '아문의 명칭을 없애는 것[二曰去衙名]'(같은 곳)이니, 아문의 이름이 많으므로 곡식을 적은 문서[穀簿]가 번잡하다. 일체 없애

버려야 한다.

셋째는 '곡식의 섬[石]수를 정하는 것[三曰定石數]'이니, 각 군현에 일정 불변하는 곡식의 섬수를 정한 장부를 두어야 한다.

넷째는 '모곡(耗穀)을 받는 법을 정하는 것[四曰定耗法]'(같은 곳)이니, 모곡(耗穀)은 10분의 1을 징수하여 공용으로 하는데, 이것은 작간(作奸)으로 인도하는 것이다. 휘[斛]로 헤아리고 평두목(平斗木)을 사용하여 3말의 모곡(耗穀)을 받되, 반은 국용(國用)으로 하고, 반은 감리(監吏)와 노예 차지로 한다면 모든 부정을 금할 수 있을 것이다.

다섯째는 '여러 번 나누어 주는 법을 없애는 것[五曰除巡法]'(같은 곳)이니, 여러 번 나누어 주는 법[巡法]이란 일시 과용을 방지하기 위하여 몇 차례 나누어서 주는 법이니, 이도 또한 폐단이 많은지라 제거되어야 한다.

여섯째는 '나누어 주는 것과 남겨두는 것을 구별하는 것[六曰別分留]'(같은 곳)이니, 매양 창고에 남겨두면 농간을 부리기 쉬우므로 그 때문에 생기는 폐단이 없어야 한다.

일곱째는 '양곡을 수매하고 방출하는 제도를 세우는 것[七曰糴糶]'(같은 곳)이니, 이는 반드시 시행되어야 한다.

군포법도 국민의 군비부담에 의한 국세의 일종으로서 근자 방위세를 방불하게 하는 것이기는 하지만 소위 삼정의 문란 중 군정에 속하는 것으로서 그의 폐단은 그 극에 달하였다.

다산은 『목민심서』「병전(兵典)」<첨정(簽丁)>에서 다음과 같이 지적하고 있다.

첨정(簽丁)하여 군포를 거두는 법은 양연(梁淵)에게서 시작되어 오늘에 이르렀는데, 그 폐단이 크고 넓어서 생민(生民)의 뼈를 깎는 병이 되었다. 이 법을 고치지 않는다면 백성들은 다 죽고 말 것이다.

라 하여, 애초에는 군비의 일부를 병역면제자들에게 부담시키려는 데에서 출발하였지만 인제 와서는 민생들의 뼈를 깎아내는 병통으로 되었다는 것이다. 이제는 군비 충당의 선을 훨씬 넘어서서 국가 재정의 일부가 되었고, 나아가서는 협잡의 원천이 되기에까지 이른 것이다.

양연은 중종 때 대사헌으로서 소위 그가 상주하여 시행하게 된 군적수포법(軍籍收布法)은 애초의 목적과는 달리 황구첨정(黃口簽丁)이라는 이변까지 낳기에 이르렀다.

다산은 말하기를

무릇 군포라는 것은 그 이름부터가 옳지 않다. 황제(黃帝) 때로부터 무기사용법을 익히는 등 군대를 조련한 이래로 양병(養兵)하였다는 말은 들었지만 군포를 거두었다는 말은 듣지 못했다. 당우삼대(唐虞三代)의 제도에도 백성을 선발하여 군병이 되게 하고, 그들에게 전지(田地)를 주었으니, 이른바 정전(井田)이란 것은 어느 하나도 군전(軍田) 아님이 없었다. 그들의 양병(養兵)이란 이와 같았던 것이다. 한(漢)나라·위(魏)나라 이후로는 둔전(屯田)을 두어 양병(養兵)하였다. 혹 법도가 없는 시대에도 나라의 재물을 다 써가면서까지 양병할지언정, 그들이 군포를 거두었다는 말은 듣지 못하였다. 군대에 나가지 않는 자는 재물을 내놓고 군대에 나가는 자는 생명을 내놓는 것이 옛사람들의 도리였던 것이다. 장차 생명을 바쳐야 할 책임이 있다고 해서 먼저 재화를 바쳐야 한다니 그런 이치가 어디 있겠는가(『목민심서』).

라 하고, 그의 극심한 실정을 다음과 같이 서술하고 있다.

요즈음 쇠잔한 마을의 가난한 집에서 어린아이를 낳자마자 울음소리가 한 번 울리면 홍첩(紅帖)이 이미 도착해 있다. 음양의 이치는 하늘이 부여해 준 것이니 정교(情交)가 없을 수 없고, 정교하게 되면 아이를 낳게 되고, 아이를 낳자마자 반드시 병적에 오른다. 그리하여 이 땅의 부모된 이들로 하여금 천지의 만물을 낳는 이치[生生之理]를 원망하게 한다. 집집마다 탄식하며 울부짖게 하니 나라의 무법상태가 어찌하여 이런 지경에까지 이르게 하였단 말인가.
심한 자는 배 안에 들어 있는 아이를 지목하여 이름까지 지어준다. 여자아이를 사내아이로 바뀌치기도 한다. 보다 더 심한 경우에는 강아지 새끼의 이름을 군적에 싣기도 하는데 그것은 사람이름이 아니라 그것이 지목하는 것은 진짜 개인 것이다. 절구의 이름에 혹 관첩(官帖)을 발급하는 경우도 있으니, 그것은 사람이름이 아니라 그것이 지목하는 것은 진짜 절구인 것이다. 법에는 "4부자의 군역에 그중 1인은 면제된다" 하였으나 요즈음 백성들의 실정으로는 진실로 몸뚱이만 있으면 비록 8부자의 군역이라도 감히 원망하지 못한다. 법에는 "황구(黃口)로 충정(充丁)하면 수령을 논죄한다" 하였으나, 진실로 몸뚱이만 있다면 태어난 지 3일 내에 충정(充丁)하더라도 감히 원망하지 못한다. 법에는 "백골(白骨)에다 징포(徵布)하면 수령을 논죄한다" 하였으나, 요즈음 백성이 실정으로는 모두 백골에 징포하기를 지극히 소원하며 도리어 큰 즐거움으로 여기고 있으니 웬일일까. 아비가 죽고 자식이 군역을 대신하면 물고채(物故債)·부표채(付標債)·사정채(査正債)·도안채(都案債)를 내며 군포를 납부하는 것은 이미 같은데, 따로 거두어들이는 것이 이와 같으니 어찌 백골징포를 간편하게 여기지 않겠는가(같은 책).

라 하여 당시의 군정을 폭로하고,

이 법을 고치지 않으면 인민들은 반드시 다 죽고 말 것이다(같은 곳).

라 하였던 것이다.

이때의 참상을 읊은 다산의 '애절양시(哀絶陽詩)'는 그가 강진에 있을 때 지은 시로서 거기에는 다음과 같은 사연이 얽혀 있다.

노전(蘆田)에 사는 백성이 아이를 낳았는데 3일 만에 군보에 들어간지라 이정이 와서 소를 탈취해갔다. 그 농민은 칼을 빼들고 제 양경(陽莖)을 잘라버리며 말하기를 "내가 이 물건 때문에 이런 곤액을 당한다"고 하였다. 그의 처는 그 양경을 들고 관문으로 나아가니 생혈(生血)이 아직도 뚝뚝 떨어지며 울부짖으며 호소하였으나 문지기가 이를 가로막았다(『목민심서』).

갈밭마을 젊은 여인 울음도 서러워라　蘆田少婦哭聲長
현문 향해 울부짖다 하늘보고 통곡하네　哭向縣門號穹蒼
군인남편 못 돌아옴은 있을 법한 일이지만　夫征不復尙可有
자고로 남절양(男絶陽)은 들어보지 못했노라　自古未聞男絶陽
시아버지 삼년상은 끝난 지 오래되고 갓난아이 배냇물도 마르기 전에　舅喪已縞兒未澡
삼대의 이름이 군적에 실려 있네　三代名簽在軍保
달려가서 억울함을 호소하려도 범 같은 문지기 버티어 있고　薄言往愬虎守閽
이정이 호통하여 단벌 소만 끌려갔네　里正咆哮牛去卓
남편 문득 칼을 갈아 방 안으로 뛰어들자 붉은 피 자리에 낭자하구나　磨刀入房血滿席
스스로 한탄하네 "아이 낳은 죄로구나"　自恨生兒遭窘厄
잠실궁형 이 또한 지나친 형벌이고　蠶室淫刑豈有辜
민(閩) 땅 자식 거세함도 가엾은 일이거든　閩囝去勢良亦憱
자식 낳고 사는 건 하늘이 내린 이치　生生之理天所予
하늘 땅 어울려서 아들 되고 딸 되는 것　乾道成男坤道女
말·돼지 거세함도 가엾다 이르는데　騸馬豶豕猶云悲
하물며 뒤를 잇는 사람에 있어서랴　況乃生民思繼序

부자들은 한평생 풍악이나 즐기면서 　豪家終歲奏管弦
한 알 쌀, 한 치 베도 바치는 일 없으니 　粒米寸帛無所捐
다 같은 백성인데 이다지도 불공하고 　均吾赤子何厚薄
시름겨워 객창에서 시구편(鳲鳩篇)을 읊노라 　客窓重誦鳲鳩篇[1] (같
은 책)

이렇듯 군정의 문란은 언어도단의 극에 달하였으니, 이에 대한 근
본적인 시정책(是正策)이 요구됨은 당연하다 하겠다. 이에 다산은 첨
전제(簽田制)로 바꿀 것을 제의한다.

　　무릇 정치하는 자는 마땅히 구원으로써 대계로 삼아야 할 것이
　　니, 금일에 거짓 첨정(簽丁)했다가 다음 날 또 결원이 되는 것은
　　거저 군리(軍吏)만 살찌게 하니 이로울 것이 없다. 역근전(役根
　　田)으로 첨정을 대신하면 비록 100년이 되더라도 이에는 폐단이
　　없으며, 또 주관(周官)의 법을 상고하더라도 무릇 군오(軍伍)는
　　반드시 토지가 배당되어 있으니 성인의 제도를 어찌 감히 준수
　　하지 않을 수 있겠는가(같은 책).

여기서 제시한 첨전제(簽田制)는 토지를 중심으로 하는 병농일치
제인 것이다. 이는 고대에 있어서는 이미 정전제(井田制)에서 실시하
던 제도였던 것이다.

이상에서 보아온 바와 같은 전정·군정·환곡 등에 따른 적폐를
바로잡기 위하여 평부정책(平賦政策)에 기대할 수밖에 없음은 다시
말할 나위도 없다.

다산은 다음과 같이 말하고 있다.

---

1) [편자] 번역은 송재소, 『다산시연구』(창작과 비평, 1983), 239~240쪽 참조..

부역을 고르게 하는 것은 칠사(七事) 중에 가장 긴요한 일이다.
무릇 고르지 못한 부세는 징수할 수 없으니, 저울 한 눈금만큼이
라도 고르지 않으면 정치라고 할 수 없다(『목민심서』, 「호전」
<평부 상>).

정치의 요체도 결국 균부정책(均賦政策)에 있음을 논파하고 있다.

요즈음 부역이 고르지 않으니 10,000가의 읍에 9,000집은 부역
에서 빠져나가니 오직 홀아비와 과부, 병들고 불구가 된 사람들
만 요부(徭賦)에 응하는지라 민목(民牧)이 된 자로서 어찌 서서
쳐다만 볼 수 있겠는가(같은 책).

당시에 있어서 평부정책을 좀먹는 암적(癌的) 제도에 민고(民庫)와
계방(契房)이라는 것이 있다. 먼저 민고를 살펴보면

전부(田賦) 외에 가장 큰 부담은 민고(民庫)다. 혹 토지에 부과하
고 혹 가호(家戶)에 부과하는데 비용은 날로 많아지니 백성들은
살아날 길이 없다(같은 책).

민고란 정규적인 납세(納稅) 외에 부담하는 잡비 염출 기관으로서
그의 적폐는 실로 '민불료생(民不聊生)'의 경지에 이르렀다.

민고(民庫)의 폐단에는 그 근원이 둘이 있는데, 아전들은 거기에
관여되어 있지 않다. 하나는 감사(監司)가 함부로 위세를 부리는
것이오, 다른 하나는 수령[縣令]이 맘대로 탐욕을 부리는 것이
다. 이 두 근원이 없다면 본래 민고란 없을 것이요, 아전도 농간
부릴 핑계를 얻지 못했을 것이다(같은 책).

라 했듯이 수령방백을 위한 기관에 지나지 않았다.

이에 대한 다산의 견해는 책문(策問)의 형식으로 기록하였는데 다음과 같다.

묻기를 "요즈음 각 도의 군현에는 소위 민고(民庫)라는 것이 있는데, 백성들의 수용(需用)을 돕는 것이라 하여 민고라고 부르는가, 아니면 백성들의 재물을 저축하기 위한 것이라 하여 민고라 부르는가. 그 창설 당초에 조정에서 조령(詔令)이 있었던가. 널리 시행한 후에도 조정에서 금령(禁令)은 없었던가. 토산공물(土産貢物)의 폐단은 비록 크다 하더라도 그 법은 본래 국전에 실려 있고, 양역(良役)의 폐단이 비록 심하다 하더라도 그 일은 본래 조정의 명령에 의한 것인데 민고란 향리가 제멋대로 그 준례를 만들었고 수령들이 제멋대로 그 법규를 만들어낸 것이다. 천지가 생긴 이래 어찌 이런 일도 있겠는가. 토공
팔도에 다 민고가 있지만 그 법은 도마다 각각 다르고, 열읍에 모두 민고가 있지만 그 규칙은 읍마다 각각 다르다. 법의 득실은 고사하고라도 한 국가에는 반드시 한 국가의 제도가 있어야 하는데 그 산란(散亂)한 품이 이와 같으니 천지가 생긴 이래 어찌 이런 일도 있겠는가.
경사(京司)에서 청구하는 것이 만일 공용(公用)에 관계된 것이라면 국가재정에 응당 지출항목이 있을 것이요, 만일 사용(私用)에 관계된 것이라면 사헌부(司憲府)에서 마땅히 엄금할 것인데 어찌하여 모두 이를 민고의 책임으로 돌리는가.
진상첨가(進上添價)가 만일 실제 비용에 관계된 것이라면 마땅히 시가(時價)에 준해야 할 것이요, 만일 허문(虛文)에 관계된 것이라면 명목은 올바르게 고쳐야 할 것인데 어찌하여 이를 민고의 책임으로 돌리는가. 내각(內閣)에서 찍은 서책에는 응당 회감(會減)이 있을 텐데 지가(紙價)를 민고에서 징수하고 하사(賀使)의 치장(治裝)은 본래 경비에서 지출되고 있는데 피물(皮物)을 모두 민고에서 짜내게 하니 사리로 보나 체모로 보나 온당한 일이겠는가.
감사의 송영(送迎)에 대하여는 본래 주전(廚傳)이 따로 있는데 민

고에서 바치게 하는 것은 무엇이며, 수령[邑宰]이 교체할 때 저미(儲米)를 쓰도록 허용하는데 민고에서 거듭 지출하는 것은 무슨 일인가. 춘추로 감사가 순력(巡歷)할 때는 그 치장과 절차를 마땅히 간소하게 해야 하거늘 유락(遊樂)에 쓰이는 비용을 모조리 민고에서 지출하고, 여름의 제사고기[夏獵腊肉]는 쓰이는 데가 많지 않은데도 바치는 값을 매양 민고에서 징수하니 천하에 이런 일도 있을 것인가. 가마로 자기의 모친을 모시는 것은 마땅히 수령이 스스로 마련할 일이요, 공무로 행차할 때에는 국비로 회감(會減)해 주게 되어 있는데, 그 비용과 물자를 또 다시 민고에로 토색(討索)하니 부끄럽지도 않은가.

산읍(山邑)의 벌꿀이나 해읍(海邑)의 전복·조개는 좋기는 좋고 서쪽 지방의 사과·배나 남쪽 지방의 귤·유자도 좋기는 좋다. 감사의 봉급은 이미 후한데도 불구하고 어찌하여 또다시 이를 헐값으로 취득하여 그 해독을 민고에 끼치려고 하는가.

공삼(貢蔘)의 가격이 10배나 비싸니 어디서 축이 났으며 공죽(貢竹)의 가격도 3배나 높으니 누가 도적질했는지, 또다시 이를 모두 민고에다 물리려고 하는가. 옥당(玉堂)의 계병(契屛)이나 의금부(義禁府)의 필채(筆債)가 가난한 백성들과 무슨 상관이 있으며, 승정원(承政院)의 조보(朝報)나 무청(武廳)의 벌례(罰禮)가 저 가난한 백성들과 무슨 상관이 있기에 또다시 이를 모두 민고에서 추렴시키는가.

군기시(軍器寺)의 우각(牛角)은 마땅히 반촌(泮村)의 백정[庖丁]들에게서 징수해야 하고, 장생전(長生殿)의 염소 수염[羔鬚]은 마땅히 공물에 소속시킬 것이요, 작설차(雀舌茶)는 약포에서 사들여야 할 것이며, 꿩깃은 마땅히 엽호(獵戶)에서 구매해야 할 것인데, 또다시 이를 모두 민고의 책임으로 돌리니 어찌 어긋난 일이 아니겠는가. 혹 고마(雇馬)를 명분으로 삼으나 고마가 어찌 법전에 있는 항목인가. 혹 양마(養馬)를 명분으로 비용을 늘리나 양마가 어찌 창오(倉廒)에서 맡아서 할 일인가. 칙사(勅使)를 위한 접대비의 지출은 이미 여유 있는 백성들[富民]에게서 거두어 들였는데, 민고에서 부조(扶助)하게 하는 것은 명분 없는 일이요, 표류선에 응접하기 위해서는 본래 섬사람에게서 깎아냈는데 민고에서 거듭 빼내 가는 것은 사리에 맞지 않다.

이조(吏曹)의 당참가(堂參價)는 백성들이 알 바 없고, 이속(吏屬)·

향임(鄉任)의 추론채(推論債)는 그곳 농민들에게 무슨 죄가 있는
가. 이런 것들은 모두 바로잡을 수 없는 것일까. 족보(族譜)의 발
간은 일가의 사적인 일이요, 서원의 중수(重修)도 여러 유생들이
사사로이 추모해서 하는 일인데, 한번 와서 구걸하면 반드시 민
고에서 징수하니 무슨 일일까. 경주인(京主人)과 영주인(營主人)
의 역가(役價)는 이제 100배로 늘어났는데, 봄 석전(釋奠)과 가을
석전에 마련한 제수는 삼단(三壇)에까지 미치는데, 늘어나지 않
을 때는 명령하여 어떻게 유통하였으며, 회감(會減)해야 할 물건
은 어디에서 녹아 사라진 것일까. 이른바 민고의 비용이란 모두
이런 종류이어야 할 것인가.

혹 세미(稅米)와 함께 섞어서 징수하기도 하고 혹 환곡(還穀)과
한 장부를 만들어놓기도 하고, 혹 봄·가을로 나누어서 징수하
되 연말에 가서 또다시 덧붙여 징수하기도 하고, 일이 있을 때
마다 조금씩 거두다가 연말 회계 때는 추가징수를 면치 못하니,
법의 문란한 것이 어찌하여 이에 이르렀을까. 혹 양반들과 똑같
이 거두기도 하고 혹 하호(下戶)만 치우쳐서 괴롭히며, 혹 관에
서는 본전을 지급했는데 가짜장부[虛簿]를 꾸며 이자를 요구하
고, 혹 마을에 계전(契錢)이 있으면 그것이 힘있는 자[豪門]의 몫
으로 없어져 버리기도 하니, 모두 그들의 하는 대로 맡겨둔 채
밝혀낼 필요가 없다고 해도 좋을 것인가. 무릇 민고란 부역(賦
役) 중에서도 가장 큰 것에 속하는 것이다. 아득한 옛날부터 비
록 쇠란(衰亂)한 시대라 하더라도 무릇 백성들에게 세금을 부과
할 때는 반드시 대신들이 묘당(廟堂)에서 의논하고, 왕은 대궐의
자리에 앉아서 생각하여, 이루어진 명령이 하달되고 조례가 갖
추어진 뒤에 재상은 그 법령을 각 도에 반포하고, 감사[藩臣]는
그 정책을 각 고을에 포고하여 관민(官民)은 다 같이 이를 받아
들이는 것이 천하의 보편적인 원칙[通義]인 것이다. 인구 비율로
해서 돈을 내놓게 하는 것은 본래 좋은 법이 아니지만 시행하는
데 있어서는, 이와 같은 절차를 밟았으며, 호수 비율로 비단을
내게 하는 것은 가혹한 수탈에 가깝지만 시행에 있어서는 이처
럼 절차를 밟았던 것이다. 소금이나 차를 파는 것은 장사치나
하는 일이다. 청묘법(靑苗法)·면역법(免役法)은 취렴지신(聚斂之
臣)의 짓이다. 그러나 이 제도를 실행할 때도 위와 같은 절차를
밟았다. 유독 이른바 민고법(民庫法)만은 임금에게 품의(稟議)하

지도 않았고, 재상에게도 보고하지 않았다. 감사는 멍청하게도 무슨 일인지도 모르며, 어사도 일찍이 문제 삼아 처결한 일이 없으니, 한두 간활한 아전들이 제멋대로 지출하여 가로채먹고, 한두 어두운 수령들이 사사로이 그 절목을 만들었는데, 자잘한 일들이 쌓이고 쌓이며 달이 가고 해가 더 해지니 그 폐단은 이 지경에 이른 것이다(같은 책).

다소 인용이 길었는지 모르지만 당시에 있어서의 민고제도의 부당성을 알기 위해서는 이보다도 더 적절한 글이 없기 때문에 장문임에도 불구하고 여기에 번역해 놓았다.

다산은 계방(契房)에 대해서도

계방(契房)이란 모든 폐단의 근원이오. 모든 농간의 소굴이다. 계방을 없애지 않으면 모든 일이 될 수가 없을 것이다(같은 책 권6, 19쪽).

라 하여 모든 폐단[衆弊]의 근원이오, 뭇 농간[群奸]의 뚫린 구멍이라 하였으니 도시 계방이란 어떠한 것인가 알아보기로 하자.

계방에는 두 가지가 있으니 하나는 이계(里契)요, 다른 하나는 호계(戶契)라 한다. 이계란 온 동리를 하나로 한 계로서 세수전(歲收錢)으로 수백 냥을 거두는 것이다. 호계란 특정한 하나의 호(戶)를 뽑아서 계방으로 삼아 세수전으로 백여 냥을 거두는 것이다. 향청(鄕廳)·이청(吏廳)·군관청(軍官廳)·장관청(將官廳)·관노청(官奴廳)·조예청(皂隸廳)·통인청(通引廳)마다 각각 계방이 있는데, 오직 이청만은 더 많이 가져서 큰 마을 십여 곳을 한데 묶어서 계방을 만들었고, 그 나머지는 혹 두 마을, 혹 세 마을로써 정해진 수가 있는 것은 아니다. 대체로 계방촌(契房村)이 되고 나면 환곡(還穀)도 면제되고 군첨(軍簽)의 침해에서도 벗어나며 민고에 바치는 일체의 요역(徭役)을 부담하지 않으며, 한 번 돈 수백 냥만 가져다 바치고 나면 곧 그해가 다갈 때까지 편안히 지내는지라. 이 때문에 백성들은 즐겨 함께 계방을 만들게 되는 것이다. 그러나 반드시 마을의 재력이 풍부하고 호민(豪民)의 권세가 있어야만 계방이 될 수 있는 것이지 황폐하고 쇠잔한 마을의 가난하고 어리석은 백성들과 홀아비·과부들과 병약자들이 모여 사는 곳에 어찌 계방을 만든 일이 있었던가. 계호(契戶)도 마찬가지다. 반드시 한 고을의 유력한 자로 전답이 10결이 넘고 100가를 거느리는 자만이 이에 한 호(戶)로써 계방이 될 수 있는 것이다. 그러므로 대체로 부촌(富村)이나 부호(富豪)는 그들의 요역(徭賦)를 모두 아전들이 먹어버리고 오직 보잘 것 없고 외로운 백성들만이 공부(公賦)를 내고 관요(官徭)를 바치는 것이다. 그리하여 10,000호의 요역이 1,000호에 쌓이고 1,000호의 요역(徭役)이 100호에 쌓이게 되니 옛날에는 1호의 요역이 1년에 불과 100전이었는데 요즈음은 수천으로도 오히려 부족한 형편이다.……

수령이 아전을 불러 계방촌을 사실대로 보고토록 하여 가령 아홉 마을이 있을 경우, 수령은 "계방이 30년 이전부터 있던 것은 우선 그대로 두더라도 30년이 못 된 계방은 낱낱이 사실대로 말하여라. 내가 그것을 장차 없애버리도록 하겠다" 하면 관아의 문이 물끓듯 하고, 아전 8, 90명이 기러기나 따오기 떼처럼 관청 앞뜰로 쏟아져 들어와서 호소하기를 "계방은 아홉 마을이지만, 그중 여덟 마을은 모두 30년이 못 됩니다. 그러나 유천촌(柳川村)은 봄·가을로 감사가 순력(巡歷)하는 날 중청(中廳)의 음식을 부담하는 마을인데 이제 갑자기 없애버린다면 순력이 있을 때 어떻게 합니까. 지석촌(支石村)은 봄·가을로 순력(巡歷)하는 날 일행들의 인정(人情)과 잡비(雜費)를 염출해 주는 마을인데 이제 갑자기 없애버린다면 순력이 있을 때 어떻게 합니까. 송우촌(松隅村)은 봄·가을로 순력하는 날 역인(驛人)과 역마(驛馬)를 접대하는 비용을 지출하는 곳인데 이제 갑자기 없애버린다면 순력 때 어떻게 합니까. 상곡촌(上谷村)은 봄·가을로 순력하는 날 포진(鋪陳)·사초롱(紗燭籠)·방장(房帳)·호자(虎子) 등의 더해진 비용을 부담하는 마을인데 이제 갑자기 없애버린다면 순력 때 어떻게 합니까. 어느 마을은 영리청(營吏廳)의 세찬(歲饌)과 예물을 부담하는 마을이요,. 어느 마을은 환상(還上)을 마감하는 날에 영리들에게 관례로 바치는 물품을 부담하는 마을이요., 어느 마을은 병영(兵營)의 이교청(吏校廳)에 관례로 바치는 물품을 부담하는 마을이요., 어느 마을은 수영(水營)의 이교청(吏校廳)에 관례로 바치는 물품을 부담하는 마을입니다" 하고서는 완결된 문서를 내놓고, 그의 소첩(訴牒)을 보이면 모두 논리가 정연한지라 대답할 말이 막히고 만다. 목자(牧者)로서 비록 강직하고 밝다 하더라도 어리둥절하고 얼떨떨하여 맥이 풀리고 말 것이다. 군관의 하소연하는 바도 이와 같고 관노나 조예(皂隷) 따위의 하소연하는 바도 이와 같을 것이니 목자인들 장차 어떻게 할 것인가…….

어쨌든 계방은 없애버려야 한다. 아전들이 이처럼 하소연하면 수령은 그에게 묻되 "수리(首吏)에게 밥상을 올릴 적에 포노(庖奴)가 소 염통을 굽고 소 천엽으로 곰탕을 끓이되 왜노구[倭爐]와 왜쟁개비[倭銚]를 받쳐서 처마 끝에 서서 올리니 그것은 어디서 나온 것인가. 늦봄이나 한여름에 마른고기와 젓갈이며 가을밤이나 세밑에 뛰는 생선이나 고기를 선배들의 집에 바치니 그것은 어디서 나온 것인가. 화조월석(花朝月夕)에 기생을 불러 놓고 풍악을 울리며 호수에서 배를 타고 산사(山寺)에서 노닐되 이를 이름 하여 존청회(尊廳會)라 하니 그것은 어디서 나온 것인가. 혼사에 부조와 상사에 부의(賻儀)며 생신에 연회와 곤장을 맞은 데 대한 위로금은 어디서 나오는 것인가. 네가 죄를 지어 놓고 상사(上司)로부터 벌을 받게 되면 그때의 뇌물과 기타 비용을 다 네 청에서 변상하게 되니 그것은 어디서 나오는 것인가. 어느 마을은 원래 국가의 판적(版籍)에 들어 있으며, 어느 호는 국가에서 파악하고 있는 민호(民戶)인데 네가 사사로이 계방에다 편성하고 그 세부(稅賦)를 도적질하여 거들먹거리며 사치하고 분탕질하며 놀아나는 비용으로 충당하고, 오직 울타리가 무너지고 사립문도 제대로 닫지 못한 가난한 집과 허리 굽은 늙은이와 팔다리가 성치 못한 아이들만 남겨 두어서 이들에게 공부(公賦)를 내게 하고 이들을 관요(官徭)에 동원하니 백성들이 견디어 내겠는가. 계방이 생긴 지 30년이 되는데 30년 이전에는 감사의 순력(巡歷)이 없었으며, 병영에 군첨(軍簽)이 없었으며, 수영(水營)에 송금(松禁)이 없었던가. 30년 이전에는 아전들은 아전 노릇을 못했으며, 관노(官奴)와 조예(皂隷)들은 길거리에서 구걸이나 했던가. 잔소리는 들을 필요도 없다. 한 마디로 잘라 말하건대 계방은 없애야 할 것이다"라고 따질 것이다(같은 책).

어찌하여 다산은 개혁이라는 미온적 태도에서 지양하여 전폐라는 강경론을 주장하는가. 거기에는 민본주의적 사상이 바닥에 깔려 있음을 우리는 간과해서는 안 될 것이다.

계방에서 거두어들인 돈은 본래 이청(吏廳)의 잡비로 지출되었는데 그것이 순력 때문이라고 핑계하는 것은 그대로 다 믿을 수는 없다. 비록 그중에는 사실도 있겠지만 수리(首吏)·도리(都吏)·창리(倉吏)·군리(軍吏)가 먹어 치운 것이 모두 수천 냥씩이나 서로 술추렴만으로도 그 비용을 충당할 수 있을 것이다. 어찌 반드시 계방을 설치할 필요가 있겠는가. 좋은 말로 타이르되 "백성은 나라의 근본이다. 근본이 이미 거꾸러진다면 아전인들 어디에 의지할 것인가. 백성을 보호한 뒤에야 아전도 의뢰(依賴)할 수 있을 것이다. 만일 백성들의 정기와 골수가 모조리 말라붙어 목숨이 다 끊어질 지경에 이르면 고을조차도 없어지게 될 터이니, 너희인들 의지할 데가 있을 줄 아는가. 네 조부나 아비가 대대로 이 고을에 살면서 백성들과 함께 살아왔는데 이 고을이 망하는데도 너는 어찌하여 빤히 바라다보기만 하는가. 속히 계방을 없애서 생민(生民)들을 보호하도록 하라.……" (같은 책)

에서 우리는 다산의 민본주의적 사상을 간취(看取)할 수가 있다. 결국 그의 경제사상도 따지고 보면 위민사상(爲民思想)의 기초 위에서 이루어진 것임은 다시 말할 나위도 없다. 그것을 우리는 다산에 있어서는 목민사상이라 이르는 것이다.

4. 전폐론

전폐론(錢幣論)이란 곧 화폐론으로서 다산도 그의 「문전폐(問錢幣)」에서,

우리나라에서 전폐가 시행된 지 이제 140여 년이 되었다.

고 했듯이 이미 시행되고는 있었으나 아직도 전폐의 시행이 정착되지 않은 실정에서 다산은 스스로 이에 대한 일가견(一家見)을 정립하지 않을 수 없었을 것으로 이해된다. 아울러 그의 화폐론은 그의 경제정책을 이해함에 있어서도 불가결의 일 항목이 아닐 수 없으므로 여기서 그의 대체를 일별해 보고자 한다.

맨 처음 다산이 관심을 기울인 것은 세곡(稅穀)과 화폐와의 관계로 이것은 물납제[미렴(米斂)]와 금납제[전폐(錢幣)]와의 효능상의 문제이기도 한 것이다. 다산은,

쌀로 거두는 것[미렴(米斂)]은 돈으로 거두는 것[전렴(錢斂)]만 못

하니, 본래 쌀로 거두던 것도 마땅히 돈으로 거두는 것으로 고쳐야 할 것이다(『목민심서』, 「호전」 <평부 상>).

그 이유를 다음과 같이 설명한다.

곡식은 백성들의 농사짓는 데서 나오고 돈은 관가의 주조에 의하여 만들어지는 까닭에 옛사람들은 대부분 말하기를 곡식으로 부과하기는 편리하지만 돈으로 부과하기는 불편하다고 하였다. 그러나 돈의 액수는 속이기가 어려우므로 그 꿰미가 다 채워 놓으면 흠집을 찾아낼 방법이 없다. 쌀은 등급이 많은 데다 되질도 이미 함부로 할 수 있으니 좋은 것만 추려내자면 한이 없다. 되질하다 떨어뜨린 곡식[落米]만 해도 뜰에 가득하지만 주을 길이 없고, 옥같이 정밀하게 깎도록 해도 하소연할 길이 없다. 돌이켜 보건대 돈으로 바치는 것이 간편하지 않겠는가(같은 책).

이처럼 곡납[물납(物納)]제는 기준이 불분명하여 손해 보는 편은 농민이기 때문에 농민본위로 한다면 당연히 금납제(金納制)로 바꾸어야 한다는 것이 다산의 주장이다.

아전들을 억제함으로써 백성들을 부조하며 위쪽을 덜어내서 아래쪽에 보태주는 것은 하늘의 떳떳한 원리와 법이니 돈으로 세금을 부과하는 것이 또한 좋지 않겠는가(같은 책).

이에 다산의 부세(賦稅)의 입장에서 화폐제도에 대하여 긍정적 입장을 취하면서, 이에 대한 몇 가지 견해를 정리해 놓고 있다.
화폐제도의 중요성을 감안하여 전환서(典圜署)의 설치를 주장하였다.

전환서는 돈을 주조(鑄造)하는 곳이다. 옛날에 소위 구부환법(九

府圜法)이라 한 것은 모두 돈 만드는 것을 의미한다. 요즈음 돈 만드는 일은 모두 영문(營門)에서 하는데, 그 제작도 가지가지다. 혹 크기도 하며 작기도 하며, 혹 두껍기도 하고 얇기도 하다. 그 글자도 흐릿하고 분명하지 않아서 우둔한 백성은 몰래 위조해서 주조한 것과 가려낼 길이 없다(『경세유표』, 「동관공조(冬官工曹)」 <사관지속(事官之屬)>).

이미 그에 앞서 약 150년 전부터 주화(鑄貨)가 통용되기는 하였지만 각 영문에서 멋대로 제작해 쓰므로 거의 사주(私鑄)나 다름없다. 그러므로 "그 제도가 만에 하나도 같지 않다[其制有萬不同]" 할밖에 없으니 이를 국가적 입장에서 통일 규제할 필요가 있으므로 그는 전환서(典圜署)의 설치를 주장한 것이다. 동시에 그는 주화의 원칙을 다음과 같이 제시한다.

환법(圜法)에는 본래 경중이 있는데, 경중이란 가벼운 돈과 무거운 돈을 말한다. 요즈음 한 닢 돈[一葉錢]을 약 10,000꿰미 주조하려고 할 때 그 열 닢 돈의 무게를 가지고 새로운 한 닢 돈으로 만든다면 1,000꿰미만 주조한다 하더라도 작은 엽전 10,000꿰미에 해당하는 것이다. 또 백 닢 돈의 무게를 가지고 새로운 한 닢 돈으로 만든다면 100꿰미만 주조하더라도 중간 닢 돈 1,000꿰미에 해당할 것이다. 그러면 주조하는 데 공비(工費)를 절약하고 유통할 때 계산도 간편하며 그 두께가 두꺼우므로 오래 견딜 수 있을 것이니 이것이 경중의 본법(本法)이니라(같은 책).

라 하여 주조의 형식을 이미 규정하였다. 이는 그가 외국의 예에 민감하게 적응한 사실을 간과할 수가 없다.

요즈음 세계 각국마다 다 은전(銀錢)·금전(金錢)이 있고, 은전·금전 중에 또 대·중·소 3층이 있다(같은 책).

고 한 것이 그것인데 화폐는 구리나 쇠뿐만 아니라 금은(金銀)으로도 가능함을 제시하고 있다. 그러나 그것이 외국무역에 유출되지 않도록 강력하게 지적한 사실은 그의 경제사상의 일 측면으로서 주목해야 할 것이다. 오늘도 각국마다 보호무역정책을 실시하며 자국의 불화[弗貨, 금화(金貨)] 유출을 방지하는 데 혈안이 되어 있는 사실을 감안할 때, 다산의 금은 유출을 경계한 다음 일언은 지금도 그 생명력을 잃지 않고 있다고 해야 할 것이다.

> 오금(五金)·팔석(八石)은 모두 일월성신(日月星辰)의 정기가 오랜 세월을 두고 응결(凝結)하여 이에 그 모양으로 된 것이다. 한 광(礦)을 파헤치고 나면 1,000년이 지나도 다시 회복하지 못할 것이니 그러기에 한정이 있어서 다시 얻기 어려운 보배인 것이다. 그 반면에 금수(錦繡)·견포(絹布) 따위는 고치실과 양털에서 해마다 생산되는 것이니 무한량(無限量)한 것으로서 쉽게 얻을 수 있는 물건인 것이다. 우리나라에서는 해마다 금은 수천만 량을 가지고 중국으로 들어가서는 금수(錦繡)와 견포(絹布)와 바꿔오니, 이는 유한(有限)한 것을 가지고 무한(無限)한 것을 무역(貿易)하는 것이다. 어찌 국력이 소진하여 피폐하지 않고 견디겠는가. 우리나라의 금은이 바닥이 나고 보면 저들의 비단도 더 이상 내놓지 않을 것이니 선명(鮮明)한 의복인들 어찌 항상 얻을 수 있겠는가.
> 내 생각으로는 금전과 은전을 만들어 국내에서 유통하게 한다면 중국으로 유출되는 것이 감소될 것이요, 게다가 금수(錦繡)와 견포(絹布) 등의 유입을 엄중하게 단속하고, 이용감(利用監)에서 비단 짜는 법을 배워서 국내에 널리 퍼지도록 한다면 어찌 양편으로 이익이 아니겠는가. 배우지 못한다면 차라리 해어진 옷을 입을망정 부끄러울 것이 없으며 금은만은 절대로 중국에 들여보내서는 안 될 것이다(같은 책).

여기에 다산의 기본재화(基本財貨)와 소비재화(消費財貨)에 대한 개념이 확고하며 국가의 경제적 기반이 소비재에 의하여 흔들려서는 안 되리라는 사실을 분명히 해주고 있다.

○ 다산은 그의 전환서조(典圜署條)에서 그의 화폐론을 대체로 서술하고 있지만 그는 독립된 글로써 「전폐의(錢幣議)」를 썼다. 그 내용은 대동소이하나 역술하면 다음과 같다.

우리나라 전화(錢貨)가 시행된 지는 백여 년이 되었다. 대개 이를 편리하게 여기는 자는 많고 불편하다는 자는 한둘에 지나지 않는다. 옛날에는 돈이 없었던 것은 편리하지 않아서가 아니라 동(銅)이 없었기 때문이다. 동(銅)이 없었던 것이 아니라 동(銅)을 주조하는 법을 몰랐던 것이다. 동을 주조하는 법은 통역하는 사람으로 하여금 중국에서 배워오도록 했다면 이는 수개월 일에 지나지 않는 것인데도 그것을 하지 않았으니, 다른 것이야 이야기한들 무엇하겠는가.
전화(錢貨)가 폐단이 되는 것은 이익을 탐내기 위하여 그 모양을 작게 만든 까닭이다.
옛날에 주조한 것은 오히려 견고하고 충실했는데, 근래에 주조한 것은 느릅나무 잎처럼 얇아서 저장해 두면 썩고 삭아서 오래 견디지 못하며, 사용하면 부서지고 이지러져서 쓸모가 없으니, 송대(宋代) 아안전(鵝眼錢)이나 연환전(梴環錢)처럼 되지 않은 것이라고는 거의 없다. 이렇게 되면 백 년이 채 못 되어 나라에는 돈이 없어지고 말 것이다. 돈이 없어져 버린다면 또 주조해야 할 비용이 어찌 많지 않겠는가. 이제 새로 주조한 얇고 조악(粗惡)한 것을 모아 큰돈[大錢]으로 바꿔 주조하여 10전을 1전으로 만들고 사용할 때는 그 1전이 종래의 10전에 해당하게 하며, 혹 100전을 1전으로 만들고 사용할 때는 그 1전이 종래의 100전에 해당하게 한다면 백성들은 손해 보는 일이 없이 화폐제도는 개혁될 것이다.
이렇게 함으로써 두 가지 이점이 있는데, 오래 견디는 것이 그 하나요, 절용(節用)하는 것이 다른 하나다. 백성의 심정으로 말하면 작은 것은 소홀하게 여기고 큰 것은 아낀다. 오직 그 한 닢이 얇고 작으면 쓰임새도 함부로 한다. 그것을 크게 하면 쓰는 데 불편하고, 쓰는 데 불편한 것은 백성의 이익이 된다. 또 옛날 주조했던 돈도 그대로 남겨두어 큰 장사꾼과 멀리 장사하는 사람은 큰돈을 사용하고 조그마한 시장에 있는 자잘한 물건에는 옛날 돈[舊錢]을 사용토록 하면 크게 쓰는 것과 작게 쓰는 데에 모두 불편할 것이 없을 것이다.

어찌 그뿐이랴. 우리나라 금은(金銀)이 해마다 중국으로 나가는 것은 국가적 손실이다. 마땅히 금전과 은전을 주조하여 각각 제 값에 따라 쓰도록 한다면, 큰 장사꾼이나 멀리 장사하는 사람들이 반드시 다투어 금전과 은전을 사용하려고 할 것이니, 그것을 운반하는 데 수고롭지 않기 때문이다. 또 이미 금전·은전에 글이 새겨져 있으니 비록 통역관들이 생명보다 이익을 중히 여긴다 하더라도 감히 몰래 감추어 가지고 중국으로 가져가지는 못할 것이다.

금과 은이 연경(燕京)으로 들어가는 것은 비단을 사오기 위해서다. 금과 은은 광산에서 생산하므로 한정이 있고, 비단은 누에 고치를 풀어 만들기 때문에 끝이 없다. 금과 은은 백세(百世)를 지나도 삭지 않으나 비단은 1년이면 곧장 해져버린다. 한정된 보물을 가지고 끝없는 실을 당하며, 삭지 않는 보배를 가지고 해지는 물건과 바꾸니, 나라의 이롭지 못함이 이보다 더한 것은 없을 것이다. 하물며 이웃 나라와 틈이 생겨 급박한 경계가 있을 적에 금은이 없으면 장차 무엇으로 뇌물을 주어 달랠 것인가. 지금부터는 어전의장(御前儀仗)의 깃발과 대상(大喪) 때 소용되는 것 외에는 모시나 비단 따위는 일체 엄금하고 사가(私家)에서는 비록 혼인과 상사에 쓰는 것이라 하더라도 일체 사용을 엄금하여야 한다. 그리하여 갓끈이나 휘양[護項] 같은 자잘한 것이라도 감히 비단이라고는 쓰지 못하게 한다면 해마다 무역해 드리는 비단은 10분의 9가 반드시 감소될 것이다. 비단의 무역이 감소되면 해마다 빠져나가는 금·은이 해마다 중국으로 나가는 것을 막으려 하지 않아도 저절로 끊어질 것이다.

이처럼 다산은 화폐개혁에 의한 소비억제정책에 철저했으며, 동시에 보호무역정책에도 세심한 주의를 경주했음을 알 수 있다. 그가 전환서(典圜署)를 독립기관으로 설치할 것을 주장한 그의 입장이 이로써 더욱 명백할 것이다.

5. 광산론

금·은의 해외 유출을 극력 방지하려고 한 다산은 채광(採鑛)의 국영과 아울러 채광술의 향상에 관한 깊은 관심을 기울이고 있다. 이는 그의 기예(技藝)에 대한 관심의 일부라고 할 수 있다. 그는 먼저 광산국영(鑛山國營)의 전제로서,

> 금·은·동·철의 광산에 예전부터 있어 온 것은 간악한 무리들이 있는가를 살펴야 하고 새로 광산을 차린 것은 제련(製鍊)을 금지시켜야 한다(『목민심서』, 「공전(工典)」 <산림(山林)>).

라 하고 그 이유를 다음과 같이 설명하고 있다.

> 주례에 나오는 광인(鑛人)의 직책은 금(金)·옥(玉)·석(錫)·석(石)의 생산지를 관장하며 이것을 채굴 못하게 엄중히 금지하였다가 때맞춰 채취하도록 하는 것이다. 한나라 이후로부터 제염(製鹽)·제철(製鐵)의 권한은 공가(公家)에 있었으니 이는 왕공(王公)의 중요한 재화이기 때문이다. 금·은·동·철을 제련하는 시설[爐店]을 널리 마련하여 나라의 쓰임에 보탬이 되게 하며,

금전·은전·동전으로 각각 차등을 두어서 나라의 화폐로 삼아
야 한다는 것이 곧 내가 고심하는 문제다.

그러나 요즈음 제련소는 모두 간악한 백성들이 사사로이 설치
한 것인데 호조에서 수세(收稅)하는 액수도 극히 영세할 뿐만 아
니라 도망자를 감추어 주고 간악한 백성들을 은닉해서 도적들
과 작당하여 변란을 일으키니 농사짓는 자는 품팔이나 머슴을
살 수가 없고 장사치는 물화를 운용할 수가 없으니 좋은 토지는
날로 줄어들고 산야(山野)는 함부로 파괴되기만 한다. 후일에 비
록 조정에서 의논하여 나라에서 채굴하는 법[官採法]을 시행한
다 하더라도 산의 정기가 쇠약해지고 고갈되어 다시는 샘솟듯
솟아나지 않을 것이니 지금 해야 할 일은 엄금하는 것만 같지
못하다(같은 책).

고 하여 관영(官營)의 길을 터놓고,

특히 간악한 백성이 사사로이 채굴하는 경우는 엄금하고 반드
시 호조에서 관리를 파견하여 채굴토록 해야만 폐단이 없을 것
이다(같은 책).

라 하여 관채(官採)를 주장하고 있다.

이러한 그의 주장은 그의 화폐론과도 깊은 관련이 있음은 다시 말
할 나위도 없다. 이는 민본주의적 국가통제사상이라 이를 수 있을
것이다.

제6장

사회사상

다산의 사회사상은 그가 태어난 시대—17, 8세기—를 전후로 한 일련의 실학자들처럼 정치·경제의 개혁사상과의 관련 하에서 전개되었다.

이미 앞에서 지적한 바 있듯이 그의 정치사상은 탕론에 근거하였고 경제사상은 여전론(閭田論)으로 집약되는데 이들은 다 같이 수사학적(洙泗學的) 민본사상에 근거하고 있음은 다시 말할 나위도 없다. 그러나 그러한 그의 민본사상은 고전적 색채에서 벗어나지 못했다 하더라도 그것은 애오라지 근대사상과 이어진다는 점에서 근대 사회사상의 근거가 되기도 하는 것이다.

많은 학자들이 이미 공통으로 지적하고 있는 바와 같이 이 시대는 임진·병자 양란 이후 비록 봉건적 왕권은 건재한다 하더라도 사회적 동요는 숨길 수 없는 역사적 현실로 나타나기 시작하였던 것이다. 그것은 양반계층을 중심으로 하는 기존 질서 안에서 새로운 서민계층이 대두하여 상공업 발달의 전위(前衛)로서 성장하기에 이르렀다는 사실을 지적하지 않을 수 없다.

이러한 변화 속에서 형성되는 사상적 대립은 두말할 것도 없이 기존 관료질서를 그대로 보강 유지하려는 보수 세력과 새로 대두되는 서민계층을 육성하여 국력을 강성하게 해야 한다는 혁신 세력이라고 할 수 있다. 이러한 사상적 대립은 이미 서구사회에 있어서는 16세기 이후부터 경험한 것으로서 절대군주체제하에서 전통적 봉건영주제(封建領主制)를 강화하려는 자와 근대시민국가의 형성을 촉구하는 소위 국민주의(國民主義)가 곧 그것이다.

이러한 양자 대립에 있어서 우리나라에 있어서는 소위 정주학적(程朱學的) 전통을 고수하려는 일파는 전자를 대변하고 17세기 이후 싹트기 시작한 소위 실학파들의 사상은 후자를 대변하는 자로서 다산의 사상도 이러한 시대적 배경을 떠나서는 생각할 수 없음은 다시 말할 나위도 없다. 지금까지의 전통적 사회질서는 군자(君子)와 야인(野人)을 엄격하게 구별하는 유가사상에 의하여 유지되었다. 여기서 군자란 치자로서의 사유(士儒)요 야인이란 농자를 주로 하는 공상의 인으로서의 피치자인 것이다. 이들의 두 계층은 치자와 피치자로서 서로 넘나들 수 없다는 것이 전통적 고정관념이다. 그러나 이에 대하여 다산은 그의 「농책(農策)」에서 다음과 같이 말하고 있다.

> 신의 생각으로는 사(士)와 농(農)이 두 갈래로 분기되면서 농사가 날로 피폐하여 갔습니다. 옛날에 조정에서 벼슬한 사람치고 일찍이 시골에서부터 발신(發身)하지 않은 사람이 없었습니다. 요(堯)임금 때의 정승이었던 순(舜)은 역산(歷山)의 농사꾼이었고, 순(舜)임금 때의 후직(后稷)은 유태(有邰)의 농사꾼이었습니다. 상(商)나라 때 이윤(伊尹)은 시골의 천민에서 기용되었고, 주(周)나라 때 주공(周公)은 농사짓는 어려움을 아는 사람이었습니다. 한(漢)나라 때까지도 오히려 이러한 뜻이 남아 있어서 예관(倪寬)·복식(卜式)·전천추(田千秋)·광형(匡衡) 등은 대개 자신이 쟁기를

잡던 사람으로서 공경(公卿)과 재상(宰相)의 자리에 올랐기 때문에 농사짓는 고달픔을 고루 겪은 경험에 의하여 백성들을 잘 다스렸던 것입니다.

그런데 사부(詞賦)에 의한 과목이 생기어 성행하게 되자, 혀를 밭 갈듯 나불대며 놀고먹는 자들이 푸른 띠를 두르고 붉은 인끈을 드리우게 되었습니다. 백성들을 좀먹고 농사를 피폐하게 하는 법이 늘 이런 무리들에게서 연유하였으니, 당(唐)나라 때 시인인 섭이중(聶夷中)의 '논에서 김매다[鋤禾]'라는 시도 시인의 흥취를 돋우는 데 지나지 않은 것입니다.

신도 또한 녹을 먹으면서 농사를 대신하고 있으니 천하의 농사에 폐단이 되고 있는 자이기는 합니다마는 때마침 임금님의 청문(請問)이 신에게 미치니 감히 진실을 헤쳐 속속들이 말씀드려서 헛되이 녹(祿)만 축낸다는 꾸지람을 면하려 하지 않을 수 있겠습니까「농책」).

에서 다산이 역설하고자 하는 것은 중농적(重農的) 의미를 강조하면서 아울러 사농일여(士農一如)의 사상을 강조한 데 있다. 다시 말하면 사(士)의 출신성분을 따지자면 농(農)이니 거꾸로 사도 때로는 귀농(歸農)해야 한다는 것이다. 이러한 그의 사상이 일보 전진하면 18, 9세기의 사회정세의 변천을 감안할 때 모름지기 사라 하더라도 공(工)·상(商)에로도 진출해야 한다는 주장으로 이어질 수 있는 것이다.

다산은 그의 「전론」5에서 사(士)란 무엇인가를 다음과 같이 평가하고 있다.

대체 사(士)란 어떤 사람인가. 사는 어찌하여 손과 발을 놀리지 않으면서 남의 토지(土地)를 삼켜 먹으며 남의 노력을 거저먹기만 하는 것일까. 대체로 놀고먹는 사인(士人)이 있기 때문에 지리(地理)가 모조리 개척되지 않고 있는 것이다. 놀고 있으면 곡식을 얻지 못한다는 사실을 안다면 그도 또한 농사짓는 들판으

로 나아갈 것이다. 사인이 농사짓는 들판으로 나아간다면 지리
도 개척될 것이요, 사인이 농사짓는 들판으로 나아간다면 풍속
(風俗)도 돈후(敦厚)해질 것이요, 사인이 농사짓는 들판으로 나아
간다면 변란을 일으키는 농민도 없어질 것이다.

사인의 농부에로의 전신(轉身)은 가지가지의 이점이 있음을 밝히
고 있거니와 여기서 한 걸음 더 나아가 다산은 다음과 같이 지적하
고 있다.

꼭 농사를 짓기 위하여 들판으로 나아갈 수 없는 사인은 어떻게
할 것인가. 그렇다면 공(工)이나 상(商)으로 전신하면 될 것이다
(같은 글).

라 하여 농(農)뿐만이 아니라 상·공에까지 사인의 길을 터놓은 데에
새로운 다산의 사민관이 깃들어 있음을 본다. 이는 사민(四民)을 계
급적(階級的) 견지에서 보는 것이 아니라 직업적 견지에서 논하고 있
음을 알 수 있다. 계층적 견지에서 보지 않는다면 그것은 사민평등
(四民平等)에의 길이 터 있는 것이요, 직업적 견지에서 본다면 직업의
무귀천(無貴賤)을 논한 것으로 볼 때 다산의 사민관은 직업적 평등관
이라 할 수 있으며, 이것은 동시에 근세 산업 발전의 기틀을 마련해
준 것이기도 함을 간과해서는 안 될 것이다.

그러나 다산의 직업적 사민 평등관도 그의 관료적 계층에 의하여
한계를 드러냈으며, 그의 노예제도에 대한 긍정적 태도는 근대사상
에의 길목에서 자초된 요인이 아닐 수 없다.

『목민심서』「예전(禮典)」<변등(辨等)> 조에서

등급을 변별함은 백성을 편안케 하고 그 뜻을 정(定)하는 요의 (要義)다. 등위(等威)가 불분명하고 위급(位級)이 문란하면 백성들 은 흩어지고 기강이 없어질 것이다.

한 것은 관료제도에 있어서 당연히 요구되는 위계질서라 할 수 있 다. 설령 평등사회에 있어서도 관료란 하나의 위계에 의하여 질서가 추진되므로 이는 너무도 당연한 위계론(位階論)이라 하지 않을 수 없다. 그러나 다산은 다음과 같이 논함으로써 근대에의 진로에서 다시 금 답보(踏步)하게 되었음을 볼 수 있다.

종족(宗族)에는 귀천이 있으니 마땅히 그 등급을 변별(辨別)해야 하고 세력에는 강약이 있으니 마땅히 그 정상(情狀)을 살펴야 한 다. 이 둘 중 어느 한쪽도 없앨 수 없다(같은 책).

고 한 것을 보면 귀족적 변등(辨等)임을 짐작하게 한다. 그것은 얼추 세전적(世傳的)이기까지 함을 볼 수 있다.

이른바 존귀한 사람을 존귀하게 대우하는 것[尊尊者]은, 벼슬에 들어가 군자가 된 자는 그 지위가 존귀하고 조업(操業)하여 소인 이 된 자는 그 지위가 비천하니 이 두 등급이 있을 따름이다. 그러나 군자의 자손은 그 도(道)를 여러 대에 거쳐 지켜 내려오 며 학문을 쌓고 예(禮)를 지키면, 비록 벼슬을 하지 않더라도 오 히려 귀족이 되니 저 무지한 백성・노예(奴隷)의 자손들은 그를 공경하게 대하지 아니하니, 이것은 무엇보다도 먼저 마땅히 변 별해야 하는 점이다(같은 책).

라고 하여 귀족과 소인은 후천적 구분이기는 하지만 세습적으로 고 정된 계급임을 시인하는 구절이다. 다산도 그가 처한 사회적 현실에서 초연하지 못한 점을 여기서 본다. 이것을 우리는 다산의 귀족주의(貴族主義)라 이를 수밖에 없다. 그러한 다산의 귀족의식(貴族意識)은 다음과 같이 좀 더 확산된다.

> 향승(鄕丞)은 비록 벼슬살지는 않았다 하더라도 그가 본 고을에 살고 있으면서 대대로 수령[牧者]의 정사(政事)를 보좌하므로 그도 또한 등(滕)·설(薛) 같은 작은 제후국의 대부인 것이다. 저 무지한 백성과 노예(奴隷)와 같은 비천한 부류들은 마땅히 그에게 예모(禮貌)를 갖춰 대해야 할 것이니, 이는 두 번째로 가려내야 할 점이다(같은 책).

한 것은 이른바 지방 유지로서 지방행정에 참여한 자까지도 준 귀족적 예우를 받아야 한다는 것을 의미한다. 다산의 귀족의식은 여기에 그치지 않고 신흥(新興) 지방귀족의 문제까지도 우리들에게 제시해 주고 있다.

> 혹시 저 무지한 백성과 노예 같은 비천한 부류로서 재물을 모아 치부하면 그의 자손들이 뇌물을 바쳐서 벼슬을 사되 향승(鄕丞)이 되기도 한다. 아비나 선조를 바꾸어서까지 거짓 족보를 만들어 내기도 하고 논밭이나 계집종을 바쳐서까지 귀족과 혼인을 맺기도 하며 구멍을 뚫고 샛길을 찾아 수령과 인연을 맺기도 한다. 이런 부류들은 징벌해서 억제해야 마땅하며 북돋워 키워주어서는 안 되지만, 혹 그중에 행실이 돈후(敦厚)하여 앞으로 싹수가 잘 트일 만한 자는 북돋우고 키워주는 것이 덕을 해치는 행위는 아닐 것이다. 만일 마을의 머슴살이하는 무리들이 취기(醉氣)를 빙자하여 욕지거리를 한다면 마땅히 조금이나마 징계해야 할 것이다. 이는 마지막으로 마땅히 변별해야 할 점이다(같은 책).

라 한 것은 신흥귀족 출신이 비록 천족(賤族)이라 하더라도, 그것이 또 설령 비정상적 방법에 의한 자라 하더라도 결과적으로 이를 공인하려는 다산의 관용성은 그의 귀족의식의 마지막 잔재(殘滓)가 아닌가 한다. 그리하여 그의 귀족과 소민의 엄격한 구분은 다음과 같이 지나칠 정도로 철저함을 볼 수 있다.

> 내가 오랫동안 백성들 사이에 살면서 수령에 대한 비방과 칭찬이 모두 변등(辨等)에서 나오고 있음을 잘 알고 있다. 수령으로서 애민(愛民)한다는 자들이 편파적으로 강자를 억누르고 약자를 북돋아 주는 것을 위주로 하며 귀족에게도 예를 갖추지 않고 소민들만을 전적으로 두둔하여 보호할 겨우 원망과 꾸중만이 떼로 일어설 뿐만 아니라, 또한 풍속이 퇴폐하게 되니 크게 잘못된 일이다. 그러나 변등만을 엄하게 주장하는 것을 통속적으로는 명분을 바르게 하는 것이라고 하지만 이도 지나친 잘못이다. 임금과 신하, 노비와 주인 사이에 명분이 있어서 그의 구분이란 하늘과 땅 사이가 끊은 듯 분명하여 판연(判然)하다. 천지처럼 끊은 듯 분명하여 위계를 올라설 수 없는 것이니, 위에서 논한 것은 등급(等級)이라 할 수 있으나 명분이라고 말할 수는 없다 (같은 책).

하였으니 지나치게 억강부약(抑强扶弱)하여 소민(小民)만을 돕는 것도 잘못이요, 지나치게 등급을 가려 귀족만을 내세우는 것도 다산은 잘못이라 하였다.

다산이 귀족과 소민의 계층을 넘어설 수 없는 층계로 본 것은 그의 사상이 결국 유가적 사대부 사상에서 벗어날 수 없는 한계점에 놓여 있기 때문이 아닐 수 없다. 그러므로 그는 끝내 노비법(奴婢法)의 철폐를 반대함으로써 근대시민의 해방을 위한 문호를 굳게 닫아 버리고 말았다.

대개 노비법을 변개(變改)한 후로 민속이 크게 달라졌는데 이는 국가의 이익이 되지 않는다(같은 책).

이에 대한 그의 논술을 좀 더 살펴보기로 하자.

옹정(雍正)·신해[[辛亥, 영조 3년(1731)] 이후 무릇 사노(私奴)의 양인 신분의 처(妻) 소생(所生)은 모조리 양인(良人) 신분을 따르게 마련이다. 이렇게 된 이후로 상층은 약해지고 하층은 강해져서 기강이 무너졌고 백성들의 뜻이 흩어져 서로 통령(統領)할 수 없게 되었다.
시험 삼아 그중에서도 뚜렷한 것을 말하자면 만력(萬曆) 임지왜란 때 남방에서 창의(倡義)한 집안은 모두 가동(家僮) 수백 명으로 대오를 편성할 수 있었으나 가경(嘉慶) 임신(壬申)의 난리 때는 고가(故家)·명족(名族)이 서로 의논하였지만 한 집에서 한 사람의 가노(家奴)도 얻기 어려웠으니 이 한 가지만으로도 대세(大勢)가 온통 변해버렸음을 알 수가 있다(같은 책).

노비법이 개정되어 일노일양(一奴一良)일 경우 종노(從奴)가 아닌 종양(從良)에의 개혁만으로도 사회현상은 일변하여 위는 약해지고 아래는 강해지는 것으로 역전되었다는 것이다. 노비의 반해려(半解旅, 절반의 해방)도 용인하지 않는 태도가 아닐 수 없다.

국가가 의지하는 것은 사족(士族)인데 그 사족이 권세를 잃은 것이 이와 같다. 혹시라도 국가에 위급한 일이 생겼을 때 소민(小民)들이 무리지어 난리라도 꾸미면 누가 이를 막아낼 수 있겠는가. 이렇게 본다면 노비법은 좋은 쪽으로 바뀐 것이 아니다.

라 한 것은 노비법의 일부 개혁마저도 다산은 반대하고 있으니 그의 반시민적(反市民的) 사회사상의 일 단면이라 하지 않을 수 없다.

그러므로 다산은 개정노비법의 원상회복까지를 주장한다.

그런데도 충렬왕(忠烈王)은 옛날 그대로 두기를 간청하였는데, 그 글이 애절하고 측은했던 것은 이 법이 한번 변하면 나라가 반드시 위태롭고 망할 것으로 보았던 까닭이었으니, 어찌 아무 까닭 없이 그렇게 했겠는가. 그러므로 신해 변법(辛亥變法)은 옛 법도와 합치되지 않을 뿐만 아니라 원(元) 세조(世祖)의 뜻도 아니었던 것이다.

대체로 소민들은 어리석어서 군신의 의리나 사우(師友)의 가르침도 없으니 귀족이나 관작(官爵)이 높은 가문에서 그들을 위하여 기강을 세워주지 않는다면 난민(亂民)이 아닌 자는 하나도 없을 것이다. 신해년(辛亥年) 이래 귀족은 날로 시들고 천류(賤類)들은 날로 횡포해져서 그로써 상하의 질서가 문란하고 교령(敎令)이 시행되지 않았으니, 변란(變亂)이 한번 일어나면 곧장 흙더미가 무너지고 기왓장이 부서지는 대세를 걷잡을 길이 없게 될 것이다.……그러므로 내가 노비법을 복구하지 않으면 어지럽게 망하는 것을 걷잡을 길이 없다고 하는 것이다(같은 책).

이렇듯 귀족의 권위를 절대시하고 아울러 천민들의 통솔은 귀족과 고문에 의존하지 않는 한 그들은 난민화(亂民化)한다는 다산의 견해는 현대적 시민사회의 도래에 대하여 너무도 몰이해했던 혐의가 없지 않다.

이에 대한 수습책으로서 다산은 다음과 같이 지시하였으니 이는 결코 근본책일 수는 없고 현실 긍정의 미온책임을 면치 못할 것이다.

귀족은 이미 쇠잔해졌고 천류들은 서로 무고하니 관장(官長)이 살펴 다스려 보려 하지만 대부분 실정과 엇나가는 일이 많으니 이것도 오늘의 세속적 폐단이 아닐 수 없다(같은 책).

고 하면서 귀족의 쇠잔(衰殘) 곧 몰락현상을 인정하며 천류, 곧 해방된 노비들의 교무(交誣) 곧 언론자유를 오히려 관장의 통치를 저해하는 요인으로 간주하고 있다. 이는 오히려 시류(時流)에 역행하는 견해로 간주하지 않을 수 없다. 당시의 다산의 판단이 얼마나 보수적이었는가는 다음과 같은 그의 견해에서 더욱 두드러진다.

> 가난한 선비가 시골에서 살면 저절로 자잘한 비방이 있고 천민들이 횡포를 부리며 수령·아전들과 결탁하여 몰래 무함(誣陷)하는 참언을 퍼뜨린다. 관찰사는 관문(關文)을 띄워 강도를 포박하듯 잡아다가 드디어 차고를 채우는 욕을 보이니, 가난한 선비가 한번 이 욕을 당하고 나면 곧장 머리를 떨어뜨리고 기가 죽어 다시는 감히 한 마디의 말도 내놓지 못하게 되니 기강이 땅에 떨어지는 것도 이 때문이다(같은 책).

라 하여 사족(士族)들의 몰락을 못내 아쉬워하면서

> 등급이 높고 세력 있는 가문에서 백성들의 전답을 강탈했다거나 민간 부녀자를 강간하는 등 그 죄악이 대낮 길거리에도 뚜렷이 드러난 것이라면 그를 징벌하여 다스려야겠지만, 그렇지 않은 자로서 자잘하게 쌀이나 소금 따위에 관한 잘못이 있으면 수령으로서는 먼저 관용하는 태도로 그를 훈계하고, 이어서 몰래 알아보면 이로써 그 짓을 그만두게 할 수 있을 것이니 경솔하게 그들에게 좌절감을 주도록 할 필요는 없을 것이다(같은 책).

이토록 그의 귀족 사류의 비호(庇護)사상은 철저하였던 것을 알 수 있다. 그러나 우리는 여기서 주의할 점이 있다면 다산의 귀족주의의 기저에는 소위 권력구조보다도 교화기능(敎化機能)을 중시한 데 기초하지 않았나 여겨진다는 점이다. 다시 말하면 군신지의(君臣之義)나

사우지교(師友之敎)를 모르는 천류의 교화는 반드시 귀족 사류의 지도가 아니면 안 된다는 사실을 지적하고자 한다. 그것은 오늘에 있어서도 지식인 또는 지성인의 시대적 책무는 곧 그가 처한 시대의 사회교화에 있음을 상기할 때 다산이 또한 귀족의 몰락을 당대의 사회 기강의 퇴락으로 간주한 그의 안타까운 심정의 일단은 또한 짐작하고도 남음이 없지 않은 것이다.

제 7장

교육사상

다산의 귀족주의 곧 사인계급(士人階級)의 존중은 그의 교육 사상에서도 반영되고 있다. 왜냐하면 그의 교육사상은 교학(敎學)과 교정(敎政)으로 나누어진다 하더라도 한 마디로 말하면 목자—사인—의 교민주의(敎民主義)를 근간으로 하고 있기 때문이다. 이러한 다산의 교육사상은 어쩌면 고전적 공맹사상의 현실적 이해에서 우러난 것인지도 모른다. 그러므로 다산의 교육사상은 군자학과 깊은 관계를 갖고 있으며 군자학은 다름 아닌 수기치인의 인간학에 지나지 않음을 여기서 상기할 필요가 있다.

1. 교학론

　다산의 교학론(敎學論)은 공자의 교학론을 그대로 부연한 것이기
는 하지만 그것이 어느만큼 시대적 욕구를 충족시켰느냐에 다산적
(茶山的) 교학론의 특색이 깃들어 있는지 모른다.

　공맹학에 있어서 군자학이 요구하는 이상적 인간상은 "배우기를
싫어하지 않으며 가르치기를 게을리 하지 않음[學不厭而敎不倦]"에
있음은 『논어』나 『맹자』에 나타나 있거니와

> 선생 "배우기를 싫어하지 않으며, 가르치기를 게을리 하지 않는
> 다."(『논어』, 「술이」)
> 공자는 "성인이란 될 말이냐. 나는 배우기를 싫어하지 않으면서
> 가르치기를 게을리 하지 않는다." 하셨다(『맹자』, 「공손추 상」).

　이 이상 교학일여(敎學一如)의 사상을 단적으로 표현한 말도 찾아
내기 어려울 것이다. 학(學)은 수교(受敎)요 교(敎)는 교회(敎誨)니 수
교와 교회의 양면이 일신에 혼융(渾融)된 덕으로 결집되었을 때 우리
는 그를 일러 군자 나아가서는 성자(聖者)라 이르고 다산은 그를 목

자(牧者)라 한다.

그러므로 유가에 있어서의 군자─성자─목자는 본시 교사(教師)인 것이다. 공자도 그런 의미로서는 만인의 교사에 지나지 않는다.

그러면 그들은 교사이기에 앞서 무엇을 배우려고─수교─학(學)─하였던가. 학에는 두 가지가 있으니 하나는 학문(學文)이오, 다른 하나는 학도(學道)인 것이다. 학도로서의 학은 인간도─효제충신의 도─를 실천하는 것이니 이는 유가 본연의 윤리적 인간도의 실행에 의하여 터득하는 것임은 다시 말할 나위도 없다.

그러나 학문으로서 학의 대상이 되는 문(文)은 과연 어떠한 내용의 문이어야 할 것이다.

다산은 학이불염(學而不厭)의 학을 주해하되

학이란 전적(典籍)을 고징(考徵)함이다(『논어고금주』).

라 하였는데 이 전자의 내용은 어떠한 것일까.

당시 송유들은 사서(四書)를 주로 했고 좀 더 넓히면 사서삼경─7서─을 위주로 했으나 그들은 전적 그 자체보다도 성리설을 위주로 하는 철학적 이론에 몰두한 만큼 전적의 범위는 극히 제한된 실정이었다. 그러나 다산은

한위(漢魏) 이래 명청(明淸)에 이르기까지 그 유설이 경전을 보충하는 것이라면 널리 수집하고 상고하여……(「자찬묘지명」)

라 한 것을 보면 송유(宋儒)와는 달리 널리 경전의 학설을 구하였음을 알 수 있다. 여기서 말하는 경전이란

신이 엎드려 생각하건대 경에는 13이 있는데……수사(洙泗)의
　　　진원(眞源)을 생각한다면 반드시 이에 귀의해야 할 것이다(「13
　　　경책」).

에서 보는 바와 같이 13경으로서 역·시·서·춘추(공양·곡량·좌
씨)·예(의례·예기·주례)·이아·논어·효경·악 등이다. 후일 그
는 13경에 근거하여 6경 4서라 하였으니 이미 다산은 송유들의 경
전세계인 7서의 울 밖으로 나와 버린 사실을 주목해야 할 것이다.
　　그러나 다산의 학문적 태도에서 주의 깊게 살펴보아야 할 점은 그
가 국학의 이해에 깊은 관심을 갖고 있다는 사실이다.

　　　수십 년 이래 괴상한 것은 일종의 의논이 몹시 동방문학을 배척
　　　하는 것이다. 무릇 선현문집은 눈여겨보려고 하지도 않으니 이
　　　는 큰 병통이 아닐 수 없다. 사대부 자제들이 국조고사(國朝故事)
　　　를 모를 뿐만이 아니라 선배의 의논은 보지도 않으니 비록 그의
　　　학문이 고금(古今)을 관통하였다 하더라도 그것은 엉성한 것이
　　　아닐 수 없다(「기이아서(寄二兒書)」).

　　한 것은 단적으로 자아에 대한 관심을 종용한 것이 아닐 수 없다.
학문의 사대주의에서의 자아각성인 것이다.
　　다산에 있어서의 '문'의 성격이 경전학에 더하기를 국조고사나 선
현문집이 있지만 다산은 소위 일반잡서─또는 이단의 서─에 대하
여는 전통적 유가의 견해를 그대로 받아들이고 있다.

　　　옛날에는 전적이 많지 않았을 때는 독서를 하더라도 외우는 것
　　　에 힘썼는데 요즈음 사고(四庫)의 책만 해도 한우충동(汗牛充棟)
　　　할 정도니 어찌 다 읽을 수 있겠는가. 오직 『역경』·『서경』·『시

경』・『예기』・『논어』・『맹자』 등은 당연히 숙독해야 하며……
(「위반산정수칠증언」)

에서 보는 바와 같이 경서의 정독주의(精讀主義)를 취하고

> 대체로 자질구레한 이야깃거리나 구차하게 일시적 웃음거리나
> 자아내는 책이라든지 진부하여 새로울 것이 없는 학설이나 지
> 리(支離)하여 실용가치가 없는 논의와 같은 것들은 다만 종이와
> 먹만을 헛되이 낭비할 뿐이니, 손수 좋은 과일나무를 심고 좋은
> 채소를 가꾸어 생전의 살 도리나 넉넉하게 하는 것만 같지 못하
> 다(「시이자가계(示二子家誡)」).

라 한 것은 잡설(雜說) 또는 잡학(雜學)에의 경도를 경계한 것이 아닐
수 없다.

그러나 그가 서서(西書)에 대하여는 이단으로 간주하지 않고 이를
수용하는 태도를 취한 것은 그의 시대감각이 탁월했음을 보여주는
것이 아닐 수 없다.

> 서양의 책이 우리나라에 들어온 지는 벌써 수백 년이 되었다.
> 사고(史庫)와 옥당(玉堂)의 장서 속에도 모두 서양의 책이 있어
> 그것이 수십 편질이 되고, 연전(年前)에는 특명으로 서서(西書)를
> 구입해 오게 했던 것이 처음이 아니라는 것을 이로써 알 수 있
> 다.……그 내용은 '하느님을 섬기고 성품의 본연을 회복하는 것
> 은 우리 유가의 그것과 다를 바 없으니 황노(黃老)의 청정이나
> 석가[瞿曇]의 적멸과는 동일하게 여길 것은 아니다'라고 하였다
> (「정헌묘지명(貞軒墓誌銘)」).

라 한 것은 서양철학자를 의미하는 듯하거니와 그가 기독교서만은

국금(國禁)에 순응하는 입장에서 이를 노불(老佛)의 서여(緖餘)라 하여 이단시하는 것은 어찌할 수 없는 그의 입장 때문이었을 것이었는지도 모른다.

신이 평소에 독서를 즐기는 벽(癖)이 있어서 연전(年前)에 졸지에 아직 못 보았던 서적이 연경으로부터 왔다는 소식을 듣고 빌려 보게 되었다. 혹 새로운 맛에 처음부터 읽어 내려가는데 점차 좀 더 자세히 열람해 보니 그 말이 허탄하고 바르지 못하여 오히려 노불(老佛)의 서여(緖餘)라 여기게 되었다. 그들이 '벼슬하지 말고 제사를 지내지 말라' 함에 이르러서는 인륜을 어그러뜨리고 상도(常道)를 어지럽히는 무부무군(無父無君)을 주장하며 곧 그 잘못을 공격하여 물리칠 것을 나의 임무로 삼고 사교를 피하여 멀리할 뿐만 아니라 기필코 사교를 멸하여 없애기로 맹세하였다. 이는 실로 친지들도 함께 들은 사실인데 그 누구를 속일 수 있겠는가(같은 글).

이로써 다산의 학문은 유가의 전적을 근간으로 하고 거기에 국조문헌(國朝文獻)과 서양학리서(西洋學理書)를 곁들인 것으로 이해되어야 할 것이다.

2. 교정론

백성을 다스리는[정(政)] 민목의 직책도 교민에[교(敎)] 있음을 다산은 설파하고 있다.

> 민목(民牧)의 직책은 교민(敎民)에 있을 따름이다. 토지생산을 고르게 하는 것도 장차 백성을 가르치기 위함이요, 부세와 요역을 고르게 하는 것도 장차 백성을 가르치기 위함이요, 관(官)을 설치하여 목자를 두는 것도 장차 백성을 가르치기 위함이요, 형벌을 밝히고 법규를 갖추는 것도 장차 백성을 가르치기 위함이니, 모든 정사가 잘 다스려지지 않고서는 교화를 일으킬 겨를을 얻지 못하기 때문에 백세토록 선정(善政) 선치(善治)가 없는 것은 이 까닭인 것이다(『목민심서』, 「예전(禮典)」 <교민(敎民)>).

이렇듯 정치를 통한 교육의 목적[종지(宗旨)]은 어디에 두고 있는 것일까.

> 학문의 종지는 효제로써 근본으로 삼고 예악으로써 문식(文飾)하며 정형(政刑)으로써 보필하며 병농(兵農)으로써 돕는다(「답이

아서」).

고 하였으니 효제와 예약과 정형과 병농이 학문의 4대 지주요, 그것
도 교육의 내실이요, 목표라 할 수 있다.

　정치의 치인(治人)도 이 범주를 벗어날 수 없으며, 치인의 방법도
이 범주 안에서 교육에 의하여 이루어질 수밖에 없을 것이다.

　그러나 이에 따른 교육제도에 있어서는 다산도 고전적인 유가의
고제(古制)를 벗어나지 못하고 있다. 그것은 귀족과 서민과의 이중
구조적 교육제도로 집약된다.

> 옛날 사람을 가르치는 법에서는 비록 유교무류(有敎無類)라 하였
> 지만 왕공(王公) 대부(大夫)의 자제들은 보다 더 중하고 우선해야
> 했다. 「요전(堯典)」에 있어서는 전악(典樂)의 교육은 다못 주자
> (冑子)에 국한했으니 주자(冑子)란 태자인 것이다. 오직 천자의
> 아들은 적서(嫡庶) 간에 다 교육하였고, 삼공(三公) 제후(諸侯) 이
> 하는 오직 그들의 적자(嫡子)로서 승습(承襲)할 자만이 이에 대학
> 에 들어갔다.……필서가(匹庶家)의 모든 자제들은 거기에 참여할
> 수 없었던 것이다(『대학공의』).

라 한 것은 이미 귀족단위의 특권교육제도의 확립을 시사해 주는 것
이 아닐 수 없다.

　이는 향교에 있어서의 명륜당(明倫堂)과 비천당(丕闡堂)과의 엄격한
구별에서도 나타나고 있다.

> 국제(國制)에 종학제도(宗學制度)가 있어 종실자제들을 가르쳤는
> 데 이제 다시 개혁하였다. 당당하게도 태학이란 종실자제들을
> 교육하는 곳이다. 그런데 아무 이유도 없이 이를 서민들에게 양

보하고 따로 하나의 학교를 세워놓고 이를 종학(宗學)이라 하니 이미 원통하고 억울한 일에 속하거늘 요즈음 그 이름조차도 함께 개혁하려 하니 한탄스럽지 않은가. 내가 보기로는 태학 중에 있는 명륜당은 종학의 부서로 하고 그의 양무(兩廡)에서 종실자제 및 공경의 적자가 거처하게 하고……비천당을 만민의 학으로 삼고 따로 양무를 만들어 진사들이 거처하게 하며……(같은 책)

이러한 교육제도는 특수교육과 일반교육의 이중교육제도론(二重敎育制度論)이라 할 수 있다.

이렇듯 지나치게 고전적 고정관념에 집착한 이론이기 때문에 다산은 그의 시대적 배경과 어떠한 조화를 시도하였는가를 살펴보아야 할 것 같다. 그는

만민(萬民)으로 말하면 향학(鄕學)에서 교육하되 대사도(大司徒)가 주관한다(『경세유표』).

하였으니 만민교육 곧 서민으로서의 대중은 향학, 곧 지방교육기관에서 교육을 받아야 하는 제도로서 태학이라 칭하는 귀유자제(貴游子弟)—귀족—의 교육기관과는 엄격하게 구별되는 것이 아닐 수 없다. 그러나 다산은

요즈음은 작(爵)도 세습하지 않고 재질도 족벌로 선발하지 않으며 한문(寒門) 천족(賤族)도 경상(卿相)의 지위로 뛰어올라 인주[왕(王)]를 보좌하며 만민을 다스릴 수 있게 되었다(『대학공의』).

는 시대상에 눈을 감지 않았다. 다시 말하면 이미 귀족 사회의 세습제는 무너지고(왕공의 세습은 잔존하지만) 서민출신의 경상[귀족(貴

族)]이 출현하게 된 현실을 직시 긍정하는 입장에 섰다는 사실을 지적하지 않을 수 없다.

> 왕제(王制)는 한 법인데 왕제 이래 국자(國子)와 만민이 함께 태학에 들어감으로써 2천 년 동안 오늘에 이르렀으니 고제(古制)는 다시 복고하기가 어려울 것이다(『경세유표』).

이러한 이중적 교육제도는 의무교육으로서의 국민[대중(大衆)]교육과 국가의 엘리트 교육을 목표로 하는 대학교육[지도자(指導者)]과는 현대의 이중적 교육이념과 일맥상통하는 면이 없지도 않다.

어쨌든 다산에 있어서의 교육이념은 수사학적(洙泗學的) 전인교육이라는 사실을 간과해서는 안 될 것이다. 그것은 다름 아닌 수기치인의 전인교육으로서 교학(敎學)은 수기군자(修己君子)의 일이오, 교정(敎政)은 현목(縣牧)의 치인이 아닐 수 없다. 그리하여 교학과 교정은 모름지기 목자의 양면을 이루게 되어 있는 것이다.

3. 오학론

    다산의 교육이념은 본래적인 유가의 교육이념을 부연한 것이라 함은 이미 앞에서도 언급한 바 있거니와 어쨌든 그러한 교육이념은 또한 전인적 군자의 대도를 밝히는 데 있음은 다시 말할 나위도 없다.

    그러나 선진(先秦)의 공맹 이후 역사적 유전과정에서 많은 변화를 가져옴으로써 도리어 본래적인 이념에서 이탈된 것이 적지 않은 것이다. 이러한 변화과정에 있어서 조성된 소위 오학(五學)에 대하여 다산은 전적으로 부정적 입장을 취하고 있다. 그 이유로서는 그의 「오학론(五學論)」의 말미는 한결같이 "요·순·주공·공자의 문으로 돌아갈 수 없기 때문"이라는 것이다. 그것은 곧 수사학적 이념에 엇나간다는 것을 의미하기 때문에 오히려 반교육적인 것들이 아닐 수 없다. 그러한 의미에 다산의 오학론은 그의 학의 성립에 있어서 부정적 입장에서 중요한 의의를 가지고 있으므로 여기에 그의 전문을 싣기로 한다. 오학(五學)이란 성리(性理)·훈고(訓詁)·문장(文章)·과거(科擧)·술수(術數)를 가리킨 것이다.

성리학은 도(道)도 알고 자기도 알아서 스스로 그가 실천해야 할 도의에 힘쓰려는 것이다. 『역대전』에 "사물의 이치와 인간의 본성을 궁구하여 천도와 합치되게 한다" 하였고, 『중용』에는 "자기의 본성[己性]을 극진히 할 수 있어야 다른 사람의 본성을 극진히 할 수 있고, 만물의 본성까지도 극진히 할 수 있다" 하였고, 『맹자』에는 "마음을 극진히 하는 자가 본성을 알고 본성을 알게 되면 천도를 알 수 있는 것이다" 하였으니, 성리학은 여기에 근본한 것이다. 그러나 옛날 학자들은 인간의 본성이 하늘에 근본하였고, 사물의 이치는 하늘에서 나왔고, 인륜이 달도(達道)가 됨을 알아, 효제충신(孝弟忠信)으로써 천을 섬기는 근본으로 삼았고, 예악형정(禮樂刑政)으로써 치인(治人)하는 도구로 삼았으며, 성의정심(誠意正心)으로써 하늘과 사람의 지도리로 삼았다. 그것을 '인(仁)'이라 이름하고 그것을 실행하는 것을 '서(恕)'라 하며, 그것을 실행하는 것을 '경(敬)'이라 하고, 스스로 지녀야 할 것을 '중화(中和)의 용(庸)'이라 하니, 이렇게 할 따름이요 많은 말이 없었다. 비록 말이 많다 하더라도 중언부언(重言復言)할 따름이라 색다른 말이라고는 없다.

그런데 요즈음 성리학자들은 '이(理)'니 '기(氣)'니, '성(性)'이니 '정(情)'이니, '체(體)'니 '용(用)'이니, 본연(本然)·기질(氣質)·이발(理發)·기발(氣發)·이발(已發)·미발(未發)·단지(單指)·겸지(兼指)·이동기이(理同氣異)·기동이이(氣同理異)·심선무악(心善無惡)·심선유악(心善有惡)이니 하여 세 줄기 다섯 가지 천 갈래만 잎사귀를 털 가르듯 실 쪼개듯 서로 성내며 떠들면서 남의 주장을 배척하는가 하면, 잠재운 마음으로 묵묵히 궁리 기도 한다. 그런 끝에 대단한 것을 깨달은 것처럼 목에 핏대를 붉히면서, 스스로 천하의 고묘(高妙)한 이치는 다 깨달았다고 떠든다. 그러나 한쪽에는 맞지만 다른 한쪽에는 틀리고 아래는 맞지만 위가 틀리기 일쑤다. 그렇지만 문 앞에 기치를 세우고 집에는 보루를 구축하여, 세상이 다 하더라도 그들의 송사는 결판이 나지 않으며, 대대로 전하더라도 그들의 원한을 풀지 못한다. 자신의 주장에 찬동하는 자는 존중하고 반대하는 사람은 무시하며, 뜻을 같이하는 자는 떠받들고, 달리하는 자는 공격한다. 못내 스스로 자신의 주장이 지극히 올바른 것이라고 여기고 있으니, 어찌 비루하지 않은가.

예(禮)는 효제충신(孝弟忠信)을 실행하는 데 있어서의 절문(節文)인데, 이런 줄을 모르고 "명물(名物)과 도수(度數)는 도학의 말절(末節)이다" 하기도 하고, "변두(籩豆)를 진설하고 제사지내는 일은 맡은 사람이 있다"고 한다.

악(樂)은 효제충신을 실천하는 데 있어 기쁨을 느끼게 하는 것인데, 이런 줄을 모르고 "노래부르고 춤추는 것은 요즈음은 외사(外事)에 불과하다" 하기도 하고 "음악, 음악 하지만 어찌 종(鍾)과 북[鼓]만을 말하는 것이겠는가" 한다.

형정(刑政)은 효제충신의 행동을 보조하여 완성시키자는 것인데, 이런 줄을 모르고 "형명학(形名學)과 공리학(功利學)은 성문(聖門)에서 버린 것이다" 한다.

위의(威儀)는 효제충신의 행동을 유지하자는 것인데 제사·빈객·조정·군려(軍旅)·연거(燕居)·상기(喪紀)에 있어서 그 위의가 각각 다르다는 것이 『의례(儀禮)』에 실려 있으니 서로 뒤섞어 쓸 수가 없는 것인데 이런 줄을 모르고 개괄하여 꿇어앉을 '궤(跪)' 자를 예라 하고 있다. 300가지의 예의(禮儀)와 3,000이나 되는 위의(威儀)를 '궤' 한 글자로 개괄할 수 있겠는가.

옛날에 도를 배우는 사람을 '사(士)'라 하였는데, 사란 벼슬 산다[仕]는 것이다. 위로는 공(公)에게 벼슬 살고 아래로는 대부(大夫)에게 벼슬 살았는데, 이로써 군왕(君王)을 섬기고 백성에게 혜택이 미치게 하면서 천하와 국가를 다스리는 자를 사라 일렀다. 그들은 백이(伯夷)·숙제(叔齊)·우중(虞仲)·이일(夷逸) 등과 같이 인륜의 변을 당했을 때만 숨어 은거하는 것이요, 그 외에는 숨는 법이 없다. 그러므로 까닭 없이 숨거나 괴상한 짓을 하는 자를 성인은 경계하였던 것이다.

요즈음 성리학을 공부하는 사람들은 스스로 '은사(隱士)'로 자처하면서 거드름 피우고 있다. 비록 대대로 벼슬하여 온 경상(卿相) 집안의 출신으로 의리상 국가와 휴척(休戚)을 같이 해야 할 처지인데도 벼슬 살지 않으며 비록 충분한 예를 갖추어서 여러 번 불러도[三徵七辟] 벼슬에 나아가지 않는다. 서울에서 나고 자란 사람도 이 성리학을 배우면 산으로 들어가는 까닭에 이를 '산림(山林)'이라 부른다. 그들이 벼슬 사는 것은 오직 경연에서 강설관이나 동궁 세자의 보도관(輔導關)에만 주의(注擬)할 따름이다. 만일 그들에게 전곡(錢穀)·갑병(甲兵)·송옥(訟獄)·반상

(擯相) 등의 일을 맡기면, 무리 지어 일어나서 '유현(儒賢)의 대우를 이렇게 해서는 안 된다' 하고 비방한다.

이런 논리로 미루어보면, 장차 주공(周公)은 태재(太宰)가 될 수 없고, 공자는 사구(司寇)가 될 수 없고, 자로(子路)는 옥송(獄訟)을 판결할 수 없으며, 공서화(公西華)는 빈객(賓客)을 접대할 수 없을 것이다. 성인이 이런 사람에게 무슨 학문을 가르쳐줄 수 있겠으며, 임금이 이런 사람을 데려다 어디에 쓸 수 있겠는가. 이에 그들은 스스로 자신을 과장하면서 '나는 주자를 존상(尊尚)한다' 하는데 아! 주자가 어찌 일찍이 그러하였을 것인가. 주자는 육경(六經)을 깊이 연구하여 진위(眞僞)를 판별하였고, 사서(四書)를 표장(表章)하여 깊은 뜻을 캐냈으니, 조정에 들어가 관각(館閣)의 관원(官員)이 되었을 적에는 올바른 말과 격렬한 논쟁으로 생사를 돌보지 않은 채 임금의 숨겨진 잘못을 공격하거나 권신들이 꺼려하고 싫어하는 것을 범하였으며, 천하의 대세를 논하고 군사상의 기밀도 거침없이 토로하면서 복수하여 부끄러움을 씻음으로써 대의(大義)를 천추 만세에 펴고자 하였다. 외방(外方)으로 나아가 주군(州郡)의 수령이 되었을 적에는 인자한 규범으로 백성의 보이지 않는 실정을 속속들이 살펴, 부역을 균평(均平)하게 하고 흉년과 역병(疫病)을 구제하니, 그 행정(行政)의 강령과 조목은 나라의 모든 문제를 조처하기에 넉넉하였다. 동시에 그는 출처도 바르게 하여, 조정에서 부르면 나아가고 파면하면 돌아와 은거하니, 그러면서도 임금에 대한 사랑은 가슴에 간직한 채 감히 잊지 않았다. 주자가 언제 지금 선비들 같은 짓을 한 적이 있었을까.

요즈음 속된 학문에 빠져 있으면서 주자의 성원을 얻어 자위(自慰)하려는 자는 모두 주자를 무함(誣陷)하고 있는 것이다. 주자가 어찌 일찍이 그러하였을까. 비록 이들이 외모를 꾸미고 행실을 단속하는 것이 방종(放縱)과 음란(邪淫)을 즐기는 것보다는 훨씬 나은 것이기는 하지만, 텅 빈 배 속에 마음만 높아서 스스로 옳다고 거만 떨고 있으니, 끝내 이들 성리학 하는 사람들과는 손잡고 요(堯)·순(舜)·주공(周公)·공자(孔子)의 문하로 함께 돌아갈 수 없다「오학론」1).

훈고학(訓詁學)은 경전의 자의(字義)를 밝혀 도학과 명교(名敎)의 본지에 통달하게 하는 것이다. 진시황 분서(焚書)의 액(厄)은 사승(師承)을 단절케 하였다. 한(漢)무제 이래 오경(五經)이 비로소 관학이 되었으니, 문호가 이미 세워졌고 지파(支派)도 나누어졌다. 위진시대(魏晉時代)로 접어들면서 이름난 유학자가 무더기로 배출되었고, 공영달(孔穎達)과 가공언(賈公彦)이 주소(註疏)로 해석함에 따라 세상 사람들이 바람에 휩쓸리듯 그를 떠받드니 성대하다고 할 만하다. 그러나 전수된 훈고가 모두 다 본지(本旨)일 수는 없다. 비록 그 본지를 얻었다 하더라도 자의(字義)를 밝히고 구절을 바르게 해놓은 데 지나지 않는다. 이것만 가지고서는 선왕(先王)과 선성(先聖)의 도학과 명교의 근원에 대해 일찍이 그 심오한 구석을 거슬러 올라가 보지 못했다.

주자는 이런 것들을 걱정하여 이에 한(漢)·위(魏) 때의 훈고 외에 따로 정의(正義)를 탐구하여 집전(集傳)·본의(本義)·집주(集注)·장구(章句) 등을 만들어 유교를 중흥시켰으니, 그의 풍성한 공적은 한유(漢儒)들과 비할 바가 아니다.

요즈음 학자들은 한(漢)나라 유학자들의 주(註)를 고증하고 연구하여 그의 훈고를 찾고 주전(朱傳)을 가지고서는 의리를 구해야 한다. 그리하여 옳고 그름과 얻고 잃음은 또한 반드시 경전에 의거해서 결정한다면, 육경사서의 원의(原義)·본지(本旨)는 서로 밀접한 상관관계가 있으므로 처음에 의심스러운 것도 나중에는 분명히 확신하게 될 것이오, 처음에는 방황하다가도 나중에는 곧장 통달하게 될 것이다. 그렇게 된 연후에 체득하여 실행하고 행동하여 징험한다. 아래로는 수신(修身)·제가(齊家)·치국(治國)·평천하(平天下)할 수 있고 위로는 천덕(天德)에 통달하여 천명(天命)으로 돌아올 수 있을 것이니, 이것이 이른바 학문인 것이다. 요즈음 소위 훈고학이란 '한(漢)·송(宋)을 절충한다'고 하지만 사실인즉 한(漢)나라의 학을 존숭할 따름이다. 궁실(宮室)과 벌레와 고기[蟲魚]를 해석하여 글자의 뜻은 통하게 하였지만 글귀의 뜻은 끊어지게 했을 따름이니, 성명(性命)의 이치나 효제(孝弟)의 가르침과 예악(禮樂)·형정(刑政)의 법문(法文)에 대하여는 진실로 캄캄하기만 하다.

송학도 반드시 다 옳기만 한 것은 아니요, 그것은 반드시 마음과 몸으로 체행한다면 옳은 것이다. 그런데 요즈음은 오직 훈고와 장구의 이동과 연혁에 대하여는 깊이 고찰하지만 일찍이 그의 시비와 사정을 변별하여 그로써 체행(體行)의 방법은 구하려고 하지 않으니 이는 또 무슨 법인가.

옛날 학자들이 공부하는 방법은 널리 배우고[博學], 자세히 묻고[審問], 신중하게 생각하고[愼思], 분명하게 분변하고[明辨], 독실하게 실천하는[篤行] 다섯 가지였다. 그런데 요즈음 학자들은 널리 배우는 하나한 가지에만 집착할 뿐 자세히 묻는 것으로부터 그 아래로는 개의(介意)치도 않는다. 무릇 한나라 유학자의 학설에 대해서는 그 요령을 묻지도 않고 그 귀취(歸趣)는 살피지도 않으며 오직 심지(心志)를 오로지 하여 믿을 따름이다. 그래서 가까이는 마음을 다스리고 본성을 다스리는 것은 생각지도 않고, 멀리는 세상을 바르게 하고 백성을 잘 돌보는 것은 원치도 않는다. 오직 스스로 널리 듣고 많이 기억하는 것과 시문 잘 짓고 변론 잘하는 것만 자랑하면서 한 세상을 비루하다고 깔볼 따름이다. 잘못된 뜻과 올바르지 못한 학설은 족히 만세의 해독이 될 만한 것인데도, 이를 아울러 받아들여 '천하의 이치는 무궁무진한 것이다'라고 한다. 이는 선성(先聖)과 선왕(先王)의 격언과 지극한 가르침을 모조리 인멸시키고 드러나지 못하게 하고 무너뜨려 성립되지 못하게 하는 것이니, 어찌 슬프지 않을까. 이러한 자들도 품위가 있고 해박하여 애중(愛重)할 만하며 마음에 흡족할 만큼 좋은 사람들이긴 하지만, 끝내 이들 훈고학 하는 사람들과는 손잡고 요(堯)·순(舜)·주공(周公)·공자(孔子)의 문하로 함께 돌아갈 수 없다(「오학론」 2).

문장학(文章學)은 우리 도를 해치는 크나큰 독이다. 이른바 문장이란 어떠한 것일까. 문장이란 것이 허공에 걸려 있고 땅에 깔려 있어서 바라볼 수 있고 달려가서 잡을 수 있는 것인가.

옛 사람들은 중화지용(中和祗庸)함으로써 내면의 덕을 기르고, 효제충신(孝弟忠信)함으로써 외적인 행동을 돈독히 하며, 시서예악(詩書禮樂)으로써 그 기본을 배양하고, 『춘추(春秋)』와 『역경』의 상사(象辭)로써 그 사태의 변화에 달통하여 하늘과 땅의 올바른 이치와 만물의 뭇 실정을 두루 알았다. 그 마음속에 쌓인 지식이 땅이 만물을 짊어지고 큰 바다가 온갖 물을 포용하듯, 비를 쏟을 것 같은 구름과 터트릴 것 같은 우레가 서린 듯하여, 마침내 그대로 쌓아놓고 있을 수 없는 것이 있었다. 이러한 뒤에 어떤 사물을 만나게 되면, 공감할 수도 있고 공감하지 않을 수도 있어 감동하기도 하고 격분하기도 하는 데 따라 이를 서술하여 밖으로 드러내는 것이 거대한 바닷물이 소용돌이치고 눈부신 태양이 찬란하게 빛나는 것과 같아서, 가까이는 사람을 감동시킬 수 있고 멀리는 천지와 귀신도 감동시킬 수 있으니, 이를 일러 문장이라 하는 것이다.

문장이란 밖에서 구해서는 안 된다. 그러므로 우주 안에 있는 문장 가운데서 정미(精微)하고 교묘(巧妙)한 것은 『역경』이요, 온유(溫柔)하면서도 격렬하고 직설적인 것은 『시경』이요, 전아(典雅)하면서 진밀(縝密)한 것은 『서경』이요, 상세하여 흩트릴 수 없는 것은 『예기』요, 조목이 분명하여 뒤섞을 수 없는 것은 『주례』요, 배제하거나 허여하는 것이 진귀하고 빼어난 것은 『춘추좌씨전』이요, 현명하고 성(聖)스러워 전혀 흠이 없는 것은 『논어』요, 참으로 성(性)과 도(道)의 본체를 깨달아 줄기와 가지를 조리 있게 분석한 것은 『맹자』요, 심오한 이치를 따져 분석한 것은 『노자』다. 이보다 내려와서는 순실(純實)한 것은 그 수가 얼마 되지 않는다.

사마천은 진기한 것을 좋아하고 호협(豪俠)을 숭상하여 스스로 예의(禮儀)을 외면하였고, 양웅(揚雄)은 도를 알지 못했고, 유향(劉向)은 참위(讖緯)에 빠졌고, 사마상여(司馬相如)는 광대노름을 스스로 자랑삼았다. 이로부터 더 내려가면 깨어져 부스러지고 얼룩져서 꾸짖을 것까지도 없다. 한유(韓愈)와 유종원(柳宗元)은 비록 문장의 중흥(中興)의 조(祖)라 하지만 근본을 망각하였으니, 어떻게 중흥시켰단 말인가. 문장이 마음속에서 발로되지 않고, 이내 모두 밖으로부터 엄습한 것을 뛰어난 문장으로 여긴다면 이 어찌 옛날의 이른바 문장이겠는가.

한유·유종원·구양수(歐陽脩)·소식(蘇軾)이 지은 서문과 기문 따위는 거의 모두 화려하긴 해도 알맹이가 없고 기묘하나 바르지 않다. 어려서 읽을 적에는 흔연히 좋게 여기지 않은 바 아니나, (이것으로) 안으로는 자신을 수양하고 어버이를 섬길 수가 없으며, 밖으로는 임금에게 충성하고 백성을 잘 다스릴 수 없다. 그래서 일생토록 암송하며 우러러 받들어도 넋을 잃고 불평만 하다가 끝내 천하 국가를 위하는 일은 할 수 없을 것이니, 이런 것들은 우리 유교를 해치는 해충이 되는 것이다. 장차 양주(楊

朱)·묵적(墨翟)·노자·불교보다도 더한 해가 있을 것이니 그것
은 무엇 때문일까. 양주·묵적·노자·불교는 비록 그들이 주장
하는 바에는 차이가 있다 하더라도, 요컨대 모두 자신을 극복하
여 사사로운 욕구를 끊음으로써 선을 행하고 악을 없애려 한다.
한유·유종원·구양수·소식은 스스로 자부하는 것은 문장뿐이
니, 문장이 어찌 천성을 보전하여 자신을 편안하게 할 수 있겠
는가. 천하 사람들로 하여금 노래하고 춤추며 기쁨과 환락에 빠
져들고 짙은 향기가 피부에 젖어들 듯 함께 교화되니, 성명(性
命)의 근본과 나라와 백성의 책무를 까마득하게 잊어버리게 하
는 것이 문장학이다. 어찌 성인이 취할 길이겠는가.

요즈음 이른바 문장학이란 것은 또 저 네 사람의 글이 순정(醇
正)하여 맛이 없다 하여 나관중(羅貫中)을 시조로, 시내암(施耐庵)
을 원조(遠祖)로, 김성탄(金聖嘆)을 하늘로, 곽청라(郭青螺)를 땅으
로 떠받들고 있다. 그리고 우동(尤侗)·전겸익(錢謙益)·원매(袁
枚)·모신(毛甡) 등의 글은 유학 같기도 하고 불학 같기도 하여
간사하고 음탕하며 기괴하기 그지없는 것으로 모두가 사람의
눈을 현혹시키는 데 목적이 있는데 이들을 종사(宗師)로 받든다.
이들이 시를 짓고 글을 쓸 적에 또한 처량하고 슬프게, 그윽이
어둠 속에서 오열하듯이, 어그러지듯이 하고, 산이 굽어 기복이
극심한 듯하니, 온통 넋을 잃고 창자를 끊어지게 한 다음에라야
그만둔다. 드디어 이렇게 함으로써 스스로 즐거워하고 스스로 높
이면서 늙음이 장차 다가오고 있음을 모르고 거드름 피우고 있으
니, 우리 유교에 끼치는 해독이 어찌 한유·유종원·구양수·소
식 등의 부류에 그치겠는가. 입으로 육경을 말하고 손으로는 천
고(千古)의 사실을 기록하지만 끝내 이들 문장학을 하는 사람들
과는 손잡고 요·순의 문으로 돌아갈 수 없다(「오학론」 3).

이 세상을 주관하면서 천하를 광대노름의 재주를 부리는 자가
연극하는 것과 같은 기교로 이끌어가는 것이 과거학이다. 요·
순·주공·공자의 글을 읽고 노자·불교·회교(回敎)·황교(黃
敎)를 배척하며, 시(詩)·예(禮)를 이야기하고 사서(史書)와 전기
(傳記)를 논할 적에는 천연덕스럽게 오로지 유관(儒冠)에 유복(儒
服)을 입은 한 명의 의젓한 선비이다. 그러나 그들의 실상을 상
고해 보면 자구를 표절하여 화려하게 꾸며서 일시적 사람들의

눈을 현혹시킨 것일 뿐, 요·순을 진정으로 사모하는 것도 아니요, 노자와 불교를 싫어하는 것도 아니다. 마음을 다스리고 행동을 검속하는 법과 임금을 바르게 하고 백성들의 삶을 윤택하게 하는 방법에 뜻을 두고 있는 것도 아니다. 항우(項羽)와 패공(沛公)의 일로 표제를 삼고 경박하고 어그러진 말로 글 짓는 것을 능사로 여긴다.

헛된 것을 드러내고 거짓을 부추기며, 환상(幻想)을 만들어내고 허망한 이야기를 지어내 스스로 해박한 견문인 양 자랑하여 과거보는 날 급제하려 할 따름이다. 성리학을 공부하는 사람에게 꾸짖어 '속임수다' 할 것이요, 훈고학을 공부하는 사람을 '괴벽(乖僻)하다'고 꾸짖어 말하면서 문장학을 깔본다. 그러나 스스로 보는 것은 일찍이 문장 아닌 것이 없다. 자기들의 격식에 맞는 것은 으뜸으로 치고, 자기들의 격식에 벗어나는 것은 깎아 내린다. 공교(工巧)롭게 지은 것은 신선처럼 받들고, 졸렬하게 지은 것은 노예 대하듯 멸시한다. 어쩌다 요행히 명성을 얻게 되면 아버지는 위무(慰撫)하여 말하기를 효자라 하고, 임금은 축하하면서 어진 신하라고 말한다. 친족들은 그를 사랑하고 친구들은 그를 존중한다. 그러나 그 시기를 못 만나 뜻을 못 이룬 자는 비록 행실이 증자(曾子)나 미생고(尾生高) 같고, 지혜는 저리자(樗里子)나 서수(犀首)와 같다 하더라도 모두 실의에 빠져 초췌한 모습으로 슬픈 원한을 품고 죽게 되니, 아! 이는 무슨 법인가.

뭇 백성들은 대부분 어리석고 무지해서, 그 가운데서 경서(經書)와 사책(史册)을 공부하여 정사(政事)를 이끌 수 있는 사람은 수천 수백 명 가운데 한 사람이 있을 뿐이다. 이제 천하의 총명하고 지혜로운 인재를 한데 모아 온통 과거라는 절구 속에다 던져놓고 찧고 부수는데, 행여나 부서져 깨지지 않을까 저어하니, 어찌 슬픈 일이 아닌가.

한번 과거학에 빠지면 예악(禮樂)은 자신과 관계없는 일로 치고, 형정(刑政)은 자질구레한 일로 여긴다. 목민관(牧民官)의 직책을 맡겨주면 사무에 어두워서 오직 아전들이 하자는 대로 따르기만 한다. 내직(內職)으로 들어와 재부(財賦)·옥송(獄訟)의 관직을 맡기면 우두커니 자리만 지키고 앉아 국록(國祿)만 축내면서 오직 선례가 무엇인가만 묻는다. 외방(外方)으로 나가 군사를 이끌고 적을 막는 권한을 맡게 되면 "군대에 관한 일은 배운 적이 없다" 하면서 무인(武人)을 추천하여 전열(前列)에 내세우니, 이런 사람을 세상에 장차 무엇에다 쓸 것인가.

일본은 해외의 작은 나라일 뿐이지만 과거법(科擧法)이 없는 까닭에 문학(文學)은 구이(九夷)보다도 뛰어나고, 무력은 중국과도 대항할 만하다. 나라를 다스리는 규모(規模)와 기강(紀綱)이 유지되고 다스려지는 품이 가지런하여 어지럽지 않고 조리(條理)가 있으니, 어찌 드러난 효과가 아니겠는가.

요즈음 과거학은 이미 쇠퇴하였다. 명문(名門) 거족(巨足)의 자제들은 이러한 학업을 달갑게 여기지 않고 오직 시골구석의 가난하고 굶주린 자들만이 이 일을 하고 있으니, 문예를 겨루는 날에는 시정(市井)의 노예를 불러 모아 접건(摺巾)에 단유(短襦)를 입힌다. 그러면 이들은 눈을 부라리고 주먹을 휘두르며 시험지를 먼저 등제(登第)하려고 첨간(簽竿)만 바라보고 앞을 다투어 서로 몽둥이질을 한다. 합격자를 부를 적에는 '시(豕)'자와 '해(亥)'자도 변별하지 못하는 젖내 나는 어린애가 나와서 급제(及第)하니, 과거학이 쇠폐(衰敝)하지 않을 수 없게 된 것이다. 만일 하늘이 이 도를 돌보시어 쇠퇴에 따라서 마침내 변화를 가져온다면 백성들의 복이 되려니와 그렇지 않고는 과거학을 공부하는 사람과는 손잡고 요·순의 문으로 돌아갈 수 없을 것이다(「오학론」 4).

술수학(術數學)은 학문이 아니라 혹술(惑術)이다. 한밤중에 일어나 하늘을 쳐다보고 뜰을 거닐면서 사람들보고 말하기를 "저 형혹성(熒惑星)이 심성(心星)을 지켰으니 간신(奸臣)이 군주의 권세를 끼고 나라를 도모하려는 것이다", "저 천랑성(天狼星)이 자미성(紫微星)을 범했으니, 내년에는 반드시 병란(兵亂)이 있을 것이다", "저 세성(歲星)이 기성(箕星)의 분야에 와 있으니, 이는 우리나라가 여기에 의뢰(依賴)할 것이다" 한다. 그런가 하면 갑자기 탄식하면서 도선(道詵)의 비기(秘記)와 『정감록(鄭鑑錄)』의 참설(讖說)을 외우며 말하기를 "아무 해에는 병란이 반드시 일어난다." 또 "아무 해에는 옥사가 반드시 일어나며 피가 흘러서 내를 이루고 인종이 끊어질 것이다" 하며 인척과 친구들에게 전답과 가택을 팔고 부모의 분묘(墳墓)도 내버려둔 채 깊은 산 호랑이와 표범의 굴속으로 들어가 난이 지나가기를 기다리라고 권고한다.

또 문득 근심이 서려 얼굴빛을 바꾸면서 잠시 뜸을 들인 후 말하기를 "옛날 나의 노선생께서는 신(神)과 서로 통하였으므로 귀(鬼)를 부릴 수 있었으니, 서찰을 띄우면 밥 한 끼 먹는 사이에 이미 8백 리에 도달하였다. 그래서 편지를 뜯어 본 후 제자들을 데리고 산골 속으로 들어가 나뭇잎을 뿌리니 소매 속에 넣었다가 뿌리면 병사와 마필(馬匹)이 되어 떠들썩하였다" 하고, 행장을 풀고 그림 세 폭을 펼쳐 보이면서 말하기를 "이는 옥황(玉皇)이 진군(眞君)의 조회를 받는 모습이요, 이는 선인(仙人)이 학(鶴)을 탄 모습이요, 이는 목마른 말이 시내로 달려가는 모습이다. 다른 사람은 모르고 나만 그 혈(穴)과 향(嚮)을 알고 있다. 진실로 이 자리에 묘를 쓴다면 자손이 길운(吉運)을 만날 것이다"한다. 그 이튿날 세수를 깨끗이 한 후 의관을 바로 하고 꿇어앉아 태극도(太極圖)·하도(河圖)·낙서(洛書)·구궁(九宮)의 수를 이야기하며 이기(理氣)·선악(善惡)·동이(同異)의 시비를 변론하니 의젓한 한 성리(性理)선생이다.

아! 헛된 명예를 도적질하며 중망(重望)을 짊어지고 어리석은 대중이 그에게로 돌아오게 하는 것은 모두 이런 술수학을 하는 선생이다. 진정(眞正)으로 속일 줄 모르는 선비가 선왕(先王)의 도는 효제(孝弟)에 근본하고 은미(隱微)한 것을 삼가야 함을 강명(講明)하면서 예악형정(禮樂刑政)의 글을 궁구하는 자가 있으면 그를 비웃으며 "저 사람은 내일 일도 모르면서 불붙는 섶 위에 앉아서 시를 말하고 예를 논하니 어찌 우리와 더불어 일할 수 있으리오. 성인은 글[糟粕]을 세상 사람에게 보이고, 그 깊은 뜻을 담아 스스로 쓸 수 있게 하였다. 그러므로 공자는 『역』의 십익(十翼)을 지었고, 주자는 『참동계(參同契)』를 주해하였으나 후인(後人)은 그의 뜻을 알지 못하였다" 한다. 저 어리석고 지혜롭지 못한 사람들은 이것(술수학)만을 높이고 저것(『주역』·『참동계』)을 낮추면서 날로 으슥하고 비뚤어 치우친 곳으로만 줄달음쳐 흘러가니 장차 누가 이를 금지시킬 수가 있을 것인가.

천문지(天文志)와 오행지(五行志)는 역대(歷代)로 억지로 맞추려고 하였으나 하나도 징험하지 못한 것은 성신(星辰)의 운행에는 일정한 도수(度數)가 있어서 서로 어지럽힐 수가 없어서이니 또 어찌 미혹할 것이 있겠는가. 연경(燕京)의 시정(市井)에는 환술(幻術)을 파는 사람이 있어 은전(銀錢) 한두 잎을 받고 재주를 피우지만 통역관들이 환술의 내용을 해마다 자세히 일러주니 또 어찌 미혹될 것인가. 서건학(徐乾學)의 독례통고『讀禮通考』「장고(葬考)」는 풍수설을 배척하여 『주역』과 함께할 수 없다 하였으니, 또 어찌 미혹될 것인가. 이렇게 미루어 생각해 본다면 저 복서(卜筮)·관상·성요(省耀)·두수(斗數) 등 무릇 술수로서 부연(敷衍)하는 것은 모두 혹술(惑術)일 뿐 학문이 아니다. 요임금도 앞일을 알지 못했기 때문에 곤(鯀)을 임용하여 일을 실패했고, 순임금도 앞일을 몰랐기 때문에 남방을 순행하다가 창오(蒼梧)의 들에서 죽었고, 주공(周公)도 앞일을 알지 못했기 때문에 관숙(管叔)으로 하여금 은(殷)을 감독하게 하였고, 공자도 앞일을 몰랐기 때문에 광(匡)땅에서 양호(陽虎)에게 환난을 당하여 거의 죽음을 당할 뻔하였다. 그런데 요즈음은 앞일을 모르는 것을 하나의 병통으로 여기어 반드시 앞일을 아는 사람을 찾아서 그에게로 귀의하려고 하니 어찌 미혹된 일이 아니겠는가.
저 마귀를 섬기며 괴기한 것을 좋아하고 은연중 앞일을 아는 성인인 양 자처하면서 부끄러운 줄도 모르니, 또 어찌 손을 잡고 함께 요·순의 문으로 돌아갈 수 있을 것인가.
오학(五學)이 번창하자 주공·공자의 도는 가시덤불이 무성하듯 엉클어져 버렸으니 누가 이를 하나로 만들 수 있을 것인가(「오학론」 5).

이렇듯 오학을 부정한 다산의 목표는 오로지 요·순·주공·공자의 도이었음을 다시 말할 나위도 없다. 지금까지 우리는 다산학에 있어서 이를 수사학(洙泗學)이라 일러 왔음을 여기서 다시금 상기해야 할 것이다.

제8장

과학사상

다산의 과학사상은 동시대에 있어서의 많은 다른 실학자들에게처럼 그의 자연과학사조의 수용태도에서 이를 살펴보아야 할 것이다. 그것은 아마도 실증주의적인 사고양식과 자연과학적 기술의 이해라는 두 측면에서 이를 나누어 보는 것이 좋을 것 같다. 왜냐하면 전자는 이론적인 측면이요, 후자는 실용적 측면이 되기 때문이다.

1. 실증적 측면

　이론적인 측면에서 다산은 분명히 관념론적 세계에서 경험론적 세계에로 전이하였다. 경험론적 세계에서는 실증(實證)과 실용(實用)이 문제가 됨은 다시 말할 나위가 없다.

　그러나 우리는 다산의 이론적인 측면도 전래하는 유학적 세계 안에서의 문제라는 데에 문제가 있다. 그것은 유학의 실증적―과학적―이해라는 의미를 지니고 있기 때문이다. 그러므로 우리는 먼저 신유학(新儒學)에 있어서의 이기론(理氣論)과 음양오행설에 대한 다산의 태도를 살펴보아야 할 것이다(박성래, 「정약용의 과학사상」 『다산학보』 1집).

　다산은 이미 그의 오학론에서도 성리학에 있어서의 '왈리(曰理) 왈기(曰氣)'라는 이기(理氣)의 관념에 대하여 부정적 태도를 취하고 있음을 볼 수 있다. 이·기의 개념은 송유에 의하여 정립된 것으로서 선진유(先秦儒)의 그것과는 판연(判然) 부동한 것임은 다시 말할 나위도 없다.

먼저 다산은 송유의 천리(天理)의 존재에 대하여는 회의적이요, 동
시에 부정적이다.

> 이제 명(命)·성(性)·도(道)·교(敎)를 모조리 한 리(理)로 돌아가
> 게 한다면 리란 본래 무지하고 또한 위능(威能)도 없는데 어떻게
> 계신(戒愼)하며 어떻게 공구(恐懼)할 것인가(『중용자잠』).

라 한 것은 천명(天命)은 천리(天理)로 대체할 수 없음을 의미한다. 『맹
자요의』에서는

> 이에는 애증(愛憎)도 없고 희로(喜怒)도 없다.

하였으니 전자의 무지는 이성(理性)의 부정이오, 후자의 애증이 없
음은 감성(感性)의 부정이니 어찌 리로서 인성을 설명할 수 있을 것
인가.

   적어도 송유의 성리설에 대한 다산의 비판은 경험론적—그의 성
기호설(性嗜好說)에 의한—입장을 분명히 해주고 있다. 그러므로 그
는 '기'에 대하여서도 역시 관념적인 것이 아니라 실재적인 것으로
이해하고 있는 것이다. 그것은 형질(形質)을 갖춘 곧 혈기(血氣)의 기
인 것이다. 『맹자』의 호연지기(浩然之氣) 장에서 다산은 다음과 같이
언급하고 있다.

> 기의 물 됨은 불가불 분명히 해 둘 필요가 있다. 만일 후세 송
> 유들의 이기설과 혼합해서 말한다면 크게 불가한 것이다. 원래
> 우리들이 생(生)·양(養)·동(動)·각(覺) 하는 소이에는 오직 혈
> (血)·기(氣) 이물(二物)이 있을 따름이니 그의 형질을 논한다면

혈은 조(粗)하나 기는 정(精)하고 혈은 둔(鈍)하나 기는 예(銳)하다. 대체로 희로애락이 발하면 모두 심(心)이 발하여 지(志)가 되고 지는 이내 기를 몰아내고 기는 이내 혈(血)을 몰아내니 이쯤 되면 안색에 나타나고 사지에까지 통달한다. 지는 기를 이끄는 장수요 기는 혈을 영도한다. 그러므로 공자가 호색(好色)과 호투(好鬪)의 이치를 논할 적에 혈기(血氣)를 말했고 맹자가 부동심의 이치를 논할 적에 기만을 말한 것은 다름 아니라 기의 물 됨이 혈액을 구가하니 그의 권력이 지의 다음가기 때문이다. 그러므로 맹자는 스스로 주를 달되 "기란 신체에 충만하다" 하였으니 신체에 충만한 것은 어떠한 물체인가. 다른 것이 아니라 그것은 기인 것이다. 이 기가 인체 중에 있는 것은 마치 유기(游氣)가 천지 중에 존재하는 것과 같다. 그러므로 전자도 '기'라 하고, 후자도 '기'라 할 것이니 둘 다 모두 이기(理氣)의 기와는 다른 것이다(『맹자요의』).

여기서 우리는 형질을 갖춘 생리적(生理的) 혈기로서의 기를 본다. 이러한 혈기는 송유들이 말하는 기질지성(氣質之性)으로서의 기와는 구별되는 것임은 다시 말할 나위도 없다. 기질지성은 본연지성(本然之性)과 대를 이루며, 청탁수박(淸濁粹駁)에 의하여 윤리적 선악이 분기되는 것으로 이해되고 있다. 그러나 혈기로서의 기는 기청(氣精)·기예(氣銳)하여 오로지 정예(精銳)한 자로서 설명될 따름이다.

그렇다고 해서 다산의 기는 서화담(徐花潭)에서처럼 우주론적 기—이기의 기—로 이해하지도 않았고 유물론적인 것으로 간주하려 하지도 않았다. 자못 이기론적 송학에 있어서 천리의 존재를 부정하면서도 기만은 혈기의 기로서 존재를 긍정하였다는 데에서 다산의 과학적 사고의 일단을 엿볼 수 있다.

다산은 음양오행설에 있어서도 그의 음양의 개념의 이해와 오행설의 부정에 있어서 또 다른 그의 과학적 사고의 일단을 엿볼 수 있다.

다산은 주자의 "하늘이 음양오행으로 만물을 화생함에 기로써 형체를 이루고 리 또한 부여했다(『중용장구』주)"는 설을 비판하여 다음과 같이 말하고 있다.

음양(陰陽)의 이름은 일광(日光)이 가리느냐 비추느냐에 의해서 생긴 것이다. 해가 가려지면 '음(陰)'이라 하고 해가 비추어지면 '양(陽)'이라 한다. 본래 체질은 없고 오직 명암이 있을 따름이니 원래 만물의 부모일 수는 없다.……성인이 『역』을 지을 때 음양 대대(待對)의 관계로써 천도(天道)로 하고 역도(易道)라 했을 따름인데 음양에 어찌 일찍이 체질이 있겠는가(『중용강의』).

라 하여 음양을 일광에 의한 사실적 현상으로 설명하였을 따름이요, 화생만물(化生萬物)이라는 관념적 비약을 부정한 것이다.

뿐만 아니라 그는 오행설에 대하여도 다음과 같이 비판하고 있다.

오성(五星)이 늘어서서 반짝이는데 그의 성(性)은 각각 다르니 혹 차기도 하고 혹 뜨겁기도 하며 혹 조(燥)하기도 하고 혹 습(濕)하기도 하며 혹 호우(好雨)하기도 하고 혹 호풍(好風)하기도 하며 혹 오금(五金) 팔석(八石)을 주관하기도 하고 혹 백초(百草) 백목(百木)을 주관하기도 하니 비금(飛禽)·주수(走獸)·곤충(昆蟲)·소치(小豸)는 각각 그의 기를 받아 생육하는 것이다. 이렇게 보면 상천·하천의 수(水)·화(火)·토(土)·석(石)·일(日)·월(月)·성(星)·신(辰)은 오히려 만물의 대열에 끼어 있을 따름인데 하물며 동(銅)·철(鐵)·초(草)·목(木)이 나아가 만물의 부모가 될 수 있을 것인가(같은 책).

라 하여 음양과 함께 오행도 화생만물하는 기능을 가질 수 없다고 비판한 것이다. 나아가 오행설 그 자체를 다음과 같이 부정하고 있다.

천도는 호대(浩大)하고 만물은 묘은(妙隱)하여 용이하게 추측할 수 없는데 하물며 오행이란 만물 중 오물(五物)에 지나지 않은즉 다 같은 물인 것이다. 그런데 오물(五物)이 만물을 생성한다는 것은 또한 어려운 일이 아니겠는가(『중용강의』).

라 하기도 하고

만일 천지 만물이 모조리 오행에서 나온다고 한다면 일월성신 (日月星辰)은 토석(土石)과 섞이지 않고 조수충어(鳥獸蟲魚)는 금목(金木)에 의뢰하지 않는데 또 이를 어떻게 해석해야 할 것인가 (『상서고훈』).

라 하기도 하고

괘상(卦象)으로 말하면 어떤 경우에는 괘주(卦主)의 존망(存亡)에 따라 그 길흉(吉凶)을 점치기도 하고, 혹은 오행에 따른 물성(物性)의 상극(相克) 여부로 그 승패(勝敗)를 점치기도 한다. 그러나 수극화(水克火)·화극금(火克金)·금극목(金克木)은 역사(易詞)에도 증거가 있으나, 목극토(木克土)·토극수(土克水)경우는 결코 아무런 흔적이 없다. 옛 성인들은 실리(實理)에 징험(徵驗)하여 점례(占例)로 삼았는데 후세 술수가들은 이를 제멋대로 늘리고 덧붙여서 상극(相克)·상생(相生)의 설을 지어냈을 따름이다(『주역사전』).

라 하여 오행설을 전적으로 받아들이지 않고 있다.

이는 실리에 맞지 않기 때문이니 그의 실증을 존중하는 과학적 태도를 여기서 역력히 읽을 수가 있다.

그러므로 다산은 그의 오학론에서 술수학(術數學)을 부정하였으니 도참설(圖讖說)을 배격하였음은 물론이거니와 십간십이지(十干十二支)

에 따른 모든 잡술(雜術)을 다음과 같이 비판하였다.

갑을(甲乙)의 류(類)가 10이오, 자축(子丑)의 류가 12인데 옛사람
은 이로써 날짜를 기록하였다. 후세에는 방기(方技)·잡술(雜術)·
참위(讖緯)·괴력(怪力)에 대한 설과 태을(太乙)·구궁(九宮)·기문
(奇門)·육임(六壬)·둔갑법(遁甲法), 풍수(風水)·택일(擇日)·잡서
(雜筮)·잡점(雜占)과 추수(推數)·산명(算命)·성요(星曜)·두수(斗
數) 등으로 생살(生殺)의 기미를 분변하고 길흉(吉凶)의 조짐을
결정하여 상충(相衝)과 상범(相犯)을 살펴 의(宜, 좋은 것)·기(忌,
나쁜 것)를 분별함으로써 천대를 의혹케 하고 억조창생(億兆蒼
生)을 무고하면서 하나같이 갑을(甲乙)의 십간(十干)과 자축(子丑)
의 십이지(十二支)를 줄기로 삼았다「갑을론」 1).

다산이 간지설(干支說)의 부당성을 지적한 것은 애오라지 풍수설
(風水說)의 불신으로 연결이 되는 것이다.

어버이를 장사하는 사람들은 거의 지사(地師)를 맞이하여 길지
(吉地)를 가려 묏자리를 결정한다. 나는 이렇게 말한다. "이는 예
가 아니다. 어버이를 묻어서 복을 구하고자 하는 것은 효자의
마음이 아니다." 비록 그러나 이런 반론도 있을 수 있다. "그
렇기는 하지만 그럴 만한 이치가 있어서 그런 예가 있는 것이
아니겠는가."
나는 이렇게 생각한다. "결코 그럴 만한 이치가 없다. 주공(周公)
이 족장법(族葬法)을 제정하여 소목(昭穆)으로써 장사하였고 영
역(塋域)을 마련해 주었으나, 맥(脈)을 뚫으면 기(氣)가 흩어진다
는 금기는 없었고, 북방(北方)에 장사지내면 머리를 북쪽으로 향
하게 하였을 뿐 방위(方位)나 좌향(坐向)의 구별 따위는 없었다.
그럼에도 이때에도 경(卿)은 대대로 경(卿)이었고 대부(大夫)는
대대로 녹(祿)을 먹었으며, 자손의 번성과 영달도 예전과 다름없
었다. 기주(冀州)와 연주(兗州)의 들판은 아득하게 넓기만 하여
구릉이나 언덕이 없다. 지금도 장사지내는 사람들은 모두 담을

둘러쌓아 구역을 만들고 『주례』에 따라 소목(昭穆)을 바르게 할 뿐이다. 거기에서는 청룡(青龍)·백호(白虎)나 사각(砂角)의 모습이 없어도 부귀(富貴)는 본래 그러했던 것처럼 누린다. 무엇 때문에 길지(吉地)를 구한단 말인가. 영웅호걸처럼 뛰어난 인물은 총명과 위능(威能)으로 일세를 이끌며 만민(萬民)을 부리기에 충분하나, 살아서는 명당(明堂, 조정) 위에 앉아 있으면서도 오히려 그의 자손을 비호하지 못하여 혹 요절하기도 하고 혹 폐질(廢疾)에 걸리기도 한다. 무덤 속의 마른 뼈가 비록 산수가 훌륭한 지대에 묻혀 있다 하더라도 어떻게 하여 그의 남아 있는 자녀에게 혜택을 입힐 수 있을 것인가.

세속에 미혹한 사람들은 "송장을 묻어서 남을 저주하는 것도 징험(徵驗)이 있으니 이런 이치는 널리 통할 수 있을 것이다" 하니 아! 이것이 어찌 차마 할 수 있는 말이겠는가. 비록 그렇다 하더라도 나는 또 말하리라. 세상에 송장을 묻어서 남에게 앙화(殃禍)를 끼치는 자는 있어도 송장을 묻어서 남에게 복록(福祿)을 주는 자도 있던가. 간사하고 요망한 무당이 이 술법으로 사람들을 속이고 악의 수렁 속으로 빠져들게 할 따름이니, 이런 짓으로 복을 맞이한 자가 있던가. 비록 이치가 있다 하더라도 군자는 하지 않을 것인데, 하물며 만에 하나도 이런 이치는 없음에 있어서랴(「풍수론」 1).

이렇듯 풍수설을 전적으로 부정한 것은 허무맹랑한 그의 비실증적 허구성 때문임은 다시 말할 나위도 없다.

지금까지 실증적 측면에서 본 관념화된 부정적 측면만을 보아 왔지만 이제 긍정적 측면도 살펴볼 필요가 있을 것 같다. 그것은 그의 천문·지리에 관한 자연과학적 견해에서 이를 엿볼 수 있을 것이다.

이미 천인상응(天人相應)의 재이설(災異說)—한유(漢儒)들에게서 나온 사학—적 견해가 실증적 견지에서 타파된 이상 천문지리를 중심으로 하는 역수학(曆數學)이 제대로 과학적 사고에 의하여 수용되었음은 당연한 결과로서 의심의 여지가 없다.

지구의 지원설(地圓說)만 하더라도 다산은 그 이유를 다음과 같이 설명한다.

옛날 선거리(單居離)가 증자(曾子)에게 묻기를 "하늘은 둥글고 땅은 모나다 하였으니 과연 그러한가요." 증자는 "만일 하늘이 둥글고 땅이 모나다면 사방의 각[四角]을 엄폐(掩蔽)할 수 없을 것이다"라 하였고, 주자(朱子)는 이의(二儀)의 설명에서 모두 심괄(沈括)의 뜻을 따랐으니, 땅덩어리가 둥글고 공 같은 모양이라는 사실은 성현들이 다 같이 이야기한 바 있다. 오직 어리석고 사리에 어두운 초학(初學)들이 처음 이 설을 듣고서는 의심 반 믿음 반이니, 이제 남극·북극의 땅에 나온 도수(度數)와 동요(東徼)·서요(西徼), 정오(亭午)의 분수를 논한다면 땅의 형세가 둥글고 공 같다는 것은 분명하여 의심의 여지가 없을 것이다「지구도설」).

라 하였다. 그러나 다산은 담헌(湛軒) 이하 여러 실학자들이 긍정적으로 믿었던 지구의 공전(公轉)이나 자전설(自轉說)은 믿지 않았던 것으로 되어 있다.

시헌력법(時憲曆法)에 "칠요(七曜)의 하늘은 모두 왼쪽으로 도는데 종동천(宗動天)은 그 위에 위치해 있으면서 혼호(渾灝)한 기로 이를 끌고 서향하기 때문에 오른쪽으로 돌게 되는 것이다"라고 하였다. 시헌력을 인용한 것을 살펴보고 증명하기를 "말개미가 맷돌 위를 걸을 적에 말개미는 동쪽으로 가는데 맷돌을 서쪽으로 돌리면 맷돌의 속도가 빠르기 때문에 말개미도 또한 서쪽으로 가게 되며, 사람이 배 안에 있을 때 사람은 동쪽으로 가는데 배는 서쪽으로 간다면 배의 속도가 빠르기 때문에 사람은 필경 서쪽으로 가게 된다" 하니, 사람들은 또한 깊이 믿고 의심하지 않았다. 앞서 심존중(沈存中)이 칠요(七曜)의 운행을 논하기를 "모름지기 태허(太虛)로써 주로 삼아야 한다" 하였는데, 주자는 이 설을 취하였는데, 그가 말한 태허란 종동천(宗動天)의 뜻이다. 내가 보기에는 말개미가 바야흐로 동쪽으로 갈 수 있는데도 또 서쪽으로 가는 것은 말개미의 앞발과 뒷발이 있기 때문이다. 좌우(左右)를 말하지 않은 것은 글을 생략한 것이다. 앞발이 바야흐로 떨어지려 할 때 뒷발이 또 붙어버리고, 뒷발이 바야흐로 떨어지려 할 때 앞발이 또 붙어버린다. 바야흐로 떨어지려 할 때 능히 저절로 움직여 동쪽으로 가게 되고, 바야흐로 붙으려 할 때 능히 함께 움직여 서쪽으로 가게 된다. 말개미가 능히 저절로 움직이면서 함께 움직이는 것은 한쪽 발이 바야흐로 떨어지면서 한쪽 발은 바야흐로 붙어 있기 때문이다. 사람이 배 안에 있을 적에도 또한 이와 같은 것은 사람이 왼발과 오른발을 갖고 있기 때문이다. 나는 칠요의 하늘이 또한 모두 말개미처럼 앞발과 뒷발을 가지고 있거나 사람처럼 왼발 오른발을 갖고 있어서 바야흐로 한쪽이 떨어지면서 바야흐로 다른 한쪽이 붙어 있는 것인가. 어떻게 해서 저절로 움직이면 왼쪽으로 돌고 또 함께 움직이면서 오른쪽으로 돌게 되는 것일까. 나는 알 수가 없다.

어떤 이는 말하기를 "그대는 물레바퀴를 보지 못했는가. 띠를 벗겨버리고 빨리 돌리면 축은 바야흐로 왼쪽으로 돌듯하다가 그 때문에 오른쪽으로 돌게 되는 것이다" 하므로, 나는 "그 무슨 말을 그렇게 거칠게 하는가. 이도 또한 말개미·맷돌과 비슷한 부류인 것이다. 축이 능히 바야흐로 왼쪽으로 돌 수 있는데도 오른쪽으로 돌게 되는 것은 축은 가는데 구멍이 넓어서 가운데에서 헤엄치 듯 옮겨 다니면서 떨어졌다가도 또한 붙어 있기 때문이다. 그것이 공중에 떠 있는 것이라면 다만 혼자서 움직일 수 있지만, 맷돌 밑이 맞물렸을 경우에는 오직 그것과 함께 움직일 수 있을 것이다. 그러나 칠요의 하늘도 본래 헤엄치듯 떠서 이동하며 오르내리는데, 종동천과 함께 하는 것은 때로는 떨어지고 때로는 붙어 있어서란 말인가. 어찌하여 그처럼 어지러운 것일까. 또한 태양의 운행을 총알과 비교하더라도 그 속도가 이미 수만 배가 되고, 종동천의 높이와 크기는 또한 태양과 비교할 바 못되니, 그 운행의 빠르기는 불가사의(不可思議)한 것이다. 이것도 형체 있는 물건인데 어찌하여 그러한 이치가 있는 것일까.

어떤 이는 말하기를 "여기에 큰 바퀴가 있는데 그 중심의 한 점에 그 축(軸)을 조종하는 것이 있어서 능히 그 한 점의 중심으로 하여금 선회하게 한다면, 바퀴의 바깥둘레가 비록 억만(億萬) 리(里)라 하더라도 쉽게 돌지 않을 수가 있을 것인가" 하기에, 나는 말하기를 "그대의 말은 잘못되었다. 여기에 큰 바퀴가 있다고 한다면 그 윤곽(輪郭)이 돈 다음에라야 그 중심도 또한 돌 것이다. 그러므로 작은 맷돌은 빨리 돌지만 큰 맷돌은 더디게 돌며, 작은 수레는 그 바퀴가 빠르게 돌지만 큰 수레는 그 바퀴가 더디게 도는데, 또 어떻게 그 가운데 한 점의 중심만을 끄집어내 빠르게 돌릴 수 있을 것인가. 또한 그대의 말은 지나치다. 진실로 그 축이 있다면 이 축은 반드시 북극에서 땅의 중심[地心]을 관통하여 남극에 이르렀을 터인데, 그대는 일찍이 북극 아래에 천축(天軸)이 있어 밑으로 관통했다는 말을 들은 적이 있는가" 하니, 그는 말하기를 "그렇다면 어떻게 해야 할 것인가" 하고 물었다. 내가 말하기를 "종동천이란 있을 수 없는 것이요, 칠요의 하늘은 본래 모두 오른쪽으로 도는 것이다" 하자, 그는 "그렇다면 그들이 교식(交食)하는 전차(躔次)가 모두 맞지 않을 것이니 장차 이를 어떻게 할 것인가" 하기에, 나는 "이는 모를 일이다. 모르는 것은 논의할 수가 없다. 장자(莊子)는 말하기를 "하늘은 운행하는가, 땅은 정지해 있는가. 이는 천지의 이치에 두루 알 수 없는 것이 있음을 말한 것이다. 그러니 망언(妄言)하는 자는 망신(妄信)하지 말라" 하였다(「종동천변(宗動天辨)」).

고 한 다산의 천문 지식은 비판적이면서도 지구와 공·자전에 대하여는 아무런 시사도 없이 불가지론(不可知論)으로 결론짓고 있다. 이는 다산의 천문학에 대한 견해의 한계점이라 해야 할 것이다.

그의 지리에 대한 견해를 살피기 위하여 그의 해조론(海潮論)의 일단을 읽어보면 다음과 같다.

초하룻날 묘시(卯時)에 밀물[潮水]이 있는데, 날마다 시간이 늦게 되어 초이틀이 넘어서는 1시간의 차가 생긴다. 그러므로 초사흘

이후의 밀물은 진시(辰時)·사시(巳時)·오시(午時)·미시(未時)·
신시(申時)의 순서로 늦춰지고, 초하룻날 유시(酉時)에 썰물[汐水]
이 있는데 조금씩 늦춰지는 것이 썰물 때와 같다. 음력 16일 유
시(酉時)의 조수를 '썰물[汐]'이라 하고, 묘시(卯時)의 조수를 '밀
물[潮]'이라 하는데 한번 돌면 다시 시작되어 끝이 없다.

손암(巽庵) 선생은 오랫동안 해도(海島)에서 살았기 때문에 그 징
후를 증험하고 대개 다음과 같이 말하였다. "달이 떠도 조수가
있고 달이 져도 조수가 있는데, 낮에 있는 조수를 밀물이라 하
고, 밤에 있는 조수는 썰물이라 하니, 이는 변할 수 없는 것으로
조수가 생기는 까닭이 달에 달려 있기 때문이다. 조수가 생기는
까닭이 달에 있다는 것은 대체로 사람들이 알고 있다. 조수가
생기는 까닭이 달에 있다면 달이 뜨면 밀물이 있고 달이 지면
물이 빠져야 이치에 합당할 것인데, 이제 달이 뜨면 밀물이 있
고 달이 저도 밀물이고 오직 한낮에만 밀물이 없으니, 이 무슨
이치란 말인가." 내가 조용히 이를 생각하여 본즉, "달이란 물
의 근본정기[元精]이다. 그 근본정기가 물에 비치면 이에 감동
(感動)되어 위로 솟구쳐 오른다. 그러나 물의 두께가 두껍지 않
으면 그 감동되는 강도가 깊지 않다. 달이 바야흐로 떠올라 이
미 지평선의 경계에 이르러 옆으로 수천 리의 바다를 비추면 물
의 두께가 극도로 두꺼워지면서 조수가 일어난다. 달이 이미 높
이 떠올라 아래로 바다를 비추면 물의 두께가 두껍지 않아서 조
수는 쇠퇴(衰退)하고, 바다 깊이도 몇 리가 안 된다. 달이 지려고
할 무렵에 또다시 지평선의 경계에 이르러 옆으로 수천 리의 바
다를 비추면 물의 두께가 극도로 두꺼워지면서 또 조수가 일어
난다. 달이 이미 멀리 땅 속의 하늘로 들어가 버리면 달빛이 서
로 미칠 수 없어서 조수는 쇠퇴한다. 그러나 이것은 내 눈으로
본 것일 뿐, 그 실정(實情)으로 말하면 아직 알 수 없으니, 조수
가 일어나거나 쇠퇴하는 것은 아닐 것이다.

달이 하늘에 걸려 있으면서 항상 지구의 반을 비추어 주고 있으
니 두 개의 둥근 물건이 서로 비추는데 법칙이 본래 그런 것이
다. 지구의 반은 지평의 경계인 것이다. 그러므로 달이 가는데
항상 두 조수(潮水)가 있어 서로 선후(先後)가 되게 마련이다. 선
도하는 말과 같고 뒤따르는 병정(兵丁)도 같다. 전도(前導) 같기
도 하고 뒤따르는 종(從) 같기도 하다. 쫓겨 가는 것 같기도 하

고 같고 뒤쫓아 가는 것 같기도 하다. 달이 동쪽 지평선의 경계에 이르면 앞서 간 것이 먼저 나타나게 되니 이를 조수(潮水) 이르고, 달이 서쪽 지평선의 경계에 이르면 뒤따르는 것이 늦게 나타나게 되니 이를 조수라 이른다.

사람들은 자신이 살고 있는 해변에 서서 '밀물[潮水]'이다 '썰물[退潮]'이다 '일어났다[興]', '쇠퇴했다[衰]' 하니, 마치 물의 실정은 두 무리[隊]가 있어서 산악과 같고 빙설(氷雪)과 같다. 이 둘이 앞서거니 뒤서거니 하면서 항상 달과 더불어 서로 쫓고 서로 뒤따르면 항상 대지의 허리를 두루 돌면서 그치는 때가 없다. 산악의 형세나 빙설의 광채는 그 길이가 수천 리나 되는데, 대지의 허리를 빙빙 돌되, 그 여파(餘波)가 무너져 줄어드는 것은 점차 밑으로 가라앉고 미약해져 항구의 분기점에 도달하게 되는데, 사람들은 이를 보고도 조수라 하니 이는 작은 것을 본 것이다(「해조론」 1).

라 한 긴 글을 군데군데 음미하면 여기서도 역시 다산의 지적 한계를 깨닫게 된다. 그는 조수의 현상이 달과 밀착되어 있음은 알았지만 그것이 달의 인력(引力)과 관계가 있다는 사실은 미처 알지 못했음이 분명한 것이다. 더구나 그것[引力]을 '물의 정기가 비춘 것[水精之所照]'으로 이해했다는 사실은 과학자답지 않은 신비주의적 관찰의 테두리를 벗지 못했던 느낌마저 들게 한다.

2. 실용적 측면

    일반 기술에 대한 다산의 견해에는 아직 초보적인 지식의 단계를 벗어나지 못한 일면도 없지 않으나 그는 모든 사람에 앞서서 높은 수준의 진보적 견해도 지니고 있었다.

    그가 소위 「기기도설(奇器圖說)」에 의하여 인중(引重)·기중(起重)의 기술을 개발하였고 그로 인하여 화성[水原城] 역((役)에서 40,000냥의 경비를 절감하였다는 설을 남기고 있거니와 이러한 사실은 당시 중국으로부터 들어온 물리학의 도서를 소화한 데서 온 결과인 것이다. 아마도 「애체출화도설(靉靆出火圖說)」—프리즘의 원리—「칠실관화설(漆室觀畵說)」—카메라의 원리— 같은 것도 그의 초보적인 물리학의 이해에서 얻은 것이 아닐 수 없다. 그러나 우리는 여기서 그의 단편적인 지식을 추적할 것이 아니라 그의 기술에 대한 전반적 견해의 일단을 그의 「기예론(技藝論)」에서 찾아보기로 하자.

    하늘이 금수에게는 발톱을 주고 뿔을 주고 단단한 발굽과 예리한 이빨을 주고 독을 주어 각각 저 하고 싶은 것을 얻게 하여 사람에게서 받게 되는 환난을 막아내게 하였다. 사람은 벌거숭이로 태어나 연약하여 제 생명도 구제할 수 없을 것같이 되었으니, 어찌하여 하늘은 천하게 여기는 것들에게는 후하게 하고 귀하게 여기는 것들에게는 박하게 하였을까. 그것은 인간에게는 지혜로운 생각과 공교(工巧)로운 사려가 있어서 그로 하여금 기예를 익히게 하여 스스로 생활을 영위할 수 있게 하였기 때문이다. 그런데 지혜와 사려를 미루어 운용하는 데도 한계가 있고 교사(巧思)로써 천착하더라도 점진적으로 되는 것이 있기 때문에 비록 성인일지라도 많은 사람들이 서로 의논한 것을 감당할 수 없고, 비록 성인일지라도 하루아침에 그 아름다운 덕을 모조리 갖출 수는 없다. 그러므로 사람들이 많이 모여들면 그만큼 그 기예도 정밀해지고, 세대가 내려올수록 그 기예도 더욱 공교하게 되는 것이다. 이는 대세가 그렇게 되지 않을 수 없는 것이다. 그러므로 촌리(村里)에 사는 사람은 공작(工作)이 있는 현읍(縣邑)에서 사는 사람만 못하고, 현읍에 사는 사람은 기교(技巧) 있는 명성(名城)이나 대도(大都)에 사는 사람만 못하고, 명성이나 대도에 사는 사람은 신신묘제(新式妙制)가 있는 경사(京師)에서 사는 사람만 못하다.

저 궁벽한 촌리(村里) 밖에 살고 있는 사람은 옛날에 서울에 왔다가 우연히 초창기에 만들어진 아직 갖추어지지 않은 법을 얻어 가지고 흔연히 돌아와서 시험해 보고서는 못내 자만(自慢)하여 말하기를 "천하에 이보다도 더 나은 것이 없다" 하고 그의 자손들에게 경계하여 말하기를 "서울에서 이른바 기예라는 것을 나는 모조리 배웠으니 이제부터 서울에서는 다시 더 배울 것이 없다"고 한다. 이런 사람치고 하는 짓이 거칠고 비루(鄙陋)하지 않은 것이 없다. 우리나라에 있는 백공(百工)의 기예는 모두 옛날에 배웠던 중국의 법으로 수백 년 이래로 단연코 다시는 중국에 가서 중국의 법을 배워올 계획이 없으니, 그 사이 중국의 신식묘제(新式妙制)는 날로 달로 늘어만 가고 있다. 다시는 수백 년 이전의 중국이 아닌데도, 우리는 또한 막연히 서로 묻지도 않으면서 오직 옛날 법도에 만족하고 있으니 어찌 그리 게으르단 말인가(「기예론」 1).

여기서 우리는 다산이 기술의 진보성을 적절히 인식하고 있음을 보여주고 있다. 기예란 일시도 정체되어서는 안 된다는 이해는 그가 새로운 자연과학적 지식을 수용해야 한다는 적극적 기반을 이룬 것이라 해야 할 것이다. 그러므로 다산은 기예의 발달을 위하여 행정 관서까지도 설치해야 한다고 주장한다.

> 이용감(利用監)을 개설하여 북학법을 의논하게 함으로써 부국강병을 도모하게 해야 한다는 것은 바꾸어서는 안 된다(『경세유표』 서).

이는 과학기술 도입을 위한 과학기술처의 설치를 종용한 의미를 갖는다.

다산의 의학에 대한 지적 수준은 그의 대표작인 『마과회통』 등에 의하여 평가받고 있으며 「맥론(脈論)」, 「의령(醫零)」 등에 의하여 새로운 일단을 엿볼 수 있으나 근자 이에 대한 연구논문(홍문화, 「의약학자로서의 다산과 사상 및 업적」, 『다산학보』 1집)이 있으므로 여기서는 이를 생략한다.

제9장

문학사상

끝으로 다산의 문학사상을 살펴보려는 자리에서 잠시 가다듬어야 할 문제는 문학사상이라기보다는 차라리 시악서화(詩樂書畵) 등 일반적 예술영역에 관한 다산의 폭넓은 견해와 태도를 살펴보아야 할는지 모른다는 사실이다.

다산은 그의 문장 전체가 하나의 문학으로서 그가 즐겨 쓰던 여문체(儷文體)에서도 이를 짐작하게 한다. 그러나 그것은 문장의 기술이지 사상은 아니라는 점에서 우리는 그의 문장의 포대 속에 담긴 그의 사상이라는 술의 맛을 맛보아야 할는지 모른다.

여기서 우리는 먼저 다산사상의 연원인 수사학적 공자의 시론(詩論)을 일별하여 보자.

공자가 그의 아들 리(鯉)에게 시를 공부하도록 한 이야기는 『논어』에 나오고 있거니와

> 진항이 백어더러 묻기를 "그대는 아마도 딴 이야기라도 들었겠지." 대답하기를 "'못 들었습니다.' 언젠가 혼자 서서 계실 때 내가 총총걸음으로 뜰 앞을 지나간즉 '시를 배웠느냐.' 대답하기를 '못 배웠습니다.' '시를 못 배웠다면 이야기할 것이 없다.'

그래서 나는 돌아와 시를 배웠습니다."(『논어』, 「계씨」)

공자의 시론은 다음과 같은 말에서 짐작할 수가 있다.

애들은 왜 시를 배우지 않느냐. 시는 정서를 일깨워주고 인격을
살펴볼 수가 있고 벗들과 무리를 이룰 수가 있고 정을 하소연할
수가 있고 가까이는 아비를 섬기며 멀리는 군왕을 섬기되 조수
(鳥獸)나 초목의 이름도 많이 알게 될 것이다(『논어』, 「양화」).

시는 정서교육에 의한 인격의 도야에 절실히 필요한 교과과정의
하나인 동시에 사물에 대한 광범위한 지식을 얻는 수단이기도 한 것
임을 알 수 있다. 다시 말하면 정적인 측면뿐만이 아니라 지적인 측
면에서도 시는 인간교육에 불가결한 과목이 아닐 수 없다는 것이 공
자의 시관(詩觀)임을 짐작할 수가 있다.

이러한 공자의 시정신은 공자학 자체가 그러하듯 어디까지나 수
기군자(修己君子)의 시정신일 수밖에 없다. 그러므로 현실적으로는
초목·금수의 이름을 터득할 뿐 목민지도(牧民之道)로서의 시정신의
확충은 엿볼 수가 없다.

그러나 다산에 있어서의 시는 결코 그러한 수기지학으로서 만족
할 수가 없었다.

그의 현실을 사실적으로 파악하는 한 방편으로서의 시정신을 다
산은 높이 샀다. 그에 있어서는 금수·초목만의 사실이 아니라 정치·
사회의 모든 현실을 시정(詩情)으로 승화시키려 하였던 것이다.[1]

이러한 다산의 시정신은 공자의 수기지학을 목민지도로 승화시킨

1) 宋載邵, 「茶山의 리얼리즘」, 『茶山學報』 제1집(광주: 茶山學報刊行委員會, 1978) 참조.

것으로 간주되어야 할는지 모른다. 그의 문장, 곧 문학정신이 그러했듯이 시도 또한 그러한 정신의 일환일밖에 없다. 그에 있어서는 육경사서만이 순정문학(醇正文學)이라는 점에서도 시만이 예외일 수는 없다. 결코 시는 음풍영월(吟諷詠月)하는 기교가 아니라 "시서(詩書)와 예악(禮樂)으로써 그 기본을 배양하는"(「오학론」 3) 것이 아닐 수 없는 것이다. 그러한 의미에서 다산의 현실묘사는 순정시로서의 현실의 형상화―그것은 곧 현실 폭로―로서 사실화된다. 그의 일단은 다음 시에서 음미해 보자.

> 아전 놈들 파지마을 덮쳐 휩쓰니
> 시끄럽고 소란하기 군대 경호 같구나.
> 병들고 굶주려 죽은 시체뿐
> 농가엔 장정 하나 보이지 않네
> 호령소리 젊은 과부 옭아매는데
> 채찍질 앞길은 더욱 재촉해
> 사람들 행렬이 성까지 이었구나
> 그중에 한 가난한 선비 있어
> 뼈만 남은 몸뚱이에 돌보는 이마저 없고
> 하늘을 우러러 죄 없음을 호소하는
> 구슬픈 그 소리 끊이지 않네
> 하고 싶은 말일랑 감히 못 하고
> 눈물만 비 오듯 쏟아지는데
> 아전 놈들 화내며 완악(頑惡)하다고
> 욕하고 매질하며 다른 사람 겁을 주네
> 높은 나무 가지 끝에 거꾸로 매달아
> 머리털을 나무뿌리에 닿게 하고는
> "쥐새끼 같은 놈이 두려움을 모르고서
> 네가 감히 상영(上營)을 거역할 건가
> 글을 읽어 시비는 가릴 만한데
> 왕세(王稅)는 서울로 실어 가는 것

늦여름 지금까지 연기했으면
은혜가 무거운 걸 알아야지
세곡선(稅穀船)이 포구에 기다리는데
이다지도 네 눈이 어둡단 말인가.”
아전 위신 세우는 건 바로 이때라
뽐내며 날뛰는 아전 꼴 보소.

　이상은 두보(杜甫)의 시「삼리(三吏)」에 차운(次韻)한 다산의「용산
리(龍山吏)」·「파지리(波池吏)」·「해남리(海南吏)」 3편 중「파지리」의
전문이다. 이는 공자의 소위 “정서를 일깨워주고 뜻을 살펴볼 수 있
고 벗들을 모이게 할 수 있고 하소연할 수도 있고, 가까이 아비를 섬
기고 멀리 군왕을 섬긴다” 하던 수기군자(修己君子)의 시 정신에서
멀리 현실폭로라는 치도(治道)의 시 정신으로 전이하였음을 볼 수 있
다. 원망할 수는 있지만 그러한 소극적 원한의 호소에 그치는 것이
아니라 참담한 사회상의 척결이 아닐 수 없다.
　다산은 서도에도 뛰어난 일가견을 피력하고 있으니 그의「발취우
첩(跋翠羽帖)」을 보면

　위의 화첩 4권은 고(故) 태학생(太學生) 윤공(尹公) 군열(君悅)의
작품인데 윤공을 비웃는 자가 말하기를 “군열이 자기의 그림을
애지중지하는 것이 비취(翡翠)가 제 깃을 아끼는 것과 같다”고
하였는데, 이 때문에 이 화첩에 ‘취우(翠羽)’라는 이름을 붙이게
되었다. 그의 작품에 나오는 꽃나무·새의 깃과 짐승의 털·벌
레(蟲豸) 등은 모두 그 참모습과 비슷해 정연하고 섬세하게 살아
움직이는 듯하니, 이야말로 서투른 화가들이 몽당붓[禿筆]을 들
고 먹물을 듬뿍 찍어서 그릇되게 기괴한 그림을 그려 놓고는 스
스로 ‘나는 뜻만 그리지 겉모습을 그리지 않는다’고 자처하는
하찮은 화공들의 작품과는 비교할 바가 아니다. 윤공은 일찍이
나비나 잠자리 같은 것을 잡다 그 수염이나 분가루 같은 미세

한 부분까지 섬세하게 관찰한 후 그 모습을 묘사하되 꼭 실물과 같게 된 뒤라야 그만두니, 이를 보더라도 그의 정신을 집중하여 각고(刻苦)하는 노력을 짐작할 수 있다. 윤씨 집안은 공재(恭齋) 때부터 그림으로 이름을 날리었으니, 공재의 아들이 낙서(駱西)이고 낙서의 아들이 군열(君悅)인데, 무릇 3대에 걸쳐서 그들의 기예가 더욱 정밀하여졌으니 예술이란 갑작스레 이루는 것이 아니다.……

한 것을 보면 이른바 공재를 필두로 하는 3대의 화풍이 북화의 섬세성을 대표하는 것임을 설파한 것이다.

　다산은 또 원교(圓嶠) 이광사(李匡師)의 서예에 대하여도 일가언(一家言)을 펴고 있다. 그의 「발야취첩(跋夜醉帖)」을 보면

위의 「야취첩」 1권은 원교 이광사의 글씨다. 근세 서예가 중에는 오직 이광사만이 독보적인데, 참판(參判) 조윤형(曺允亨)과 표암(豹菴) 강세황(姜世晃)은 그를 깊이 비난하였으니, 그것은 대체로 여력을 남기지 않고 자신의 역량을 헤아리지 못했기 때문이다. 그러나 그가 비방을 받게 된 이유가 있으니, 그가 세자(細字)로 쓴 해서(楷書)·행서(行書)·초서(草書)로서 법도를 갖춘 것은 정심(精深)하고 기묘하여, 그중 수준이 아주 높은 것은 이왕[二王, 왕희지(王羲之)·왕헌지(王獻之)]의 경지를 드나들고 낮은 것은 이장[二張, 장지(張芝)·장욱(張旭)]의 경지를 잃지 않았다. 그러나 그의 큰 글자로 쓴 반행서(半行書)는 거칠고 기울어짐이 지나치게 심하여 그 글자 모양이 보기 싫을 뿐 아니라 아울러 그 획법(畫法)도 무디고 막혀서 신묘함이 없다. 이 때문에 또한 본받을 만하다고 말하는 것도 그것은 치우치게 현혹된 것이다. 이 「야취첩」 또한 세자(細字)로 쓴 해서와 작은 글씨로 쓴 초서가 뛰어날 따름이다.

한 것을 보더라도 다산의 서예에 대한 안식(眼識)이 또한 상당히 높

은 수준의 것임을 짐작하게 한다. 그는 글씨가 너무 전도(顚倒) 광란(狂亂)하면 도리어 가증스럽다고 평하고 세자(細字)로 쓴 해서(楷書)의 정심(精深)한 정법을 존중하였다. 다산의 서첩이 각양 필법으로 정심 기묘(奇妙)한 까닭이 여기 있다고 보아야 할 것이다.

끝으로 다산이 음악에 대하여 어떠한 견해를 가지고 있는가를 살펴보려고 한다. 이는 잠시 그의 예악론(禮樂論)에서도 언급한 바 있지만 특히 그가 『악경(樂經)』의 인멸을 애석하게 여겨 『악서고존(樂書孤存)』을 저술한 데에서도 얼마나 '악(樂)'을 중요시하였는가를 짐작하게 한다.

주자(朱子)의 칠서(七書)는 사서삼경이니 『악경』은 낄 틈이 없고 한대(漢代)의 5경에서도 『악경』은 들어 있지 않다. 소위 13경에도 빠져 있다. 그런데 다산이 비로소 그의 자찬묘지명에서 "육경사서로써 자신을 수양한다"라 하여 6경설(六經說)을 채용하였으니 이는 진한(秦漢) 이전의 6경설을 그대로 원용하였다 하더라도 『악경』의 복원이라는 점에서 크게 의의가 있다고 하지 않을 수 없다.

역・예・시・서・춘추・악을 육경(六經) 또는 육예(六藝)라 하였다. 육예는 예(禮)・악(樂)・사(射)・어(御)・서(書)・수(數)를 가리키는 경우도 있다.

그러한 의미에서 다산의 악에 대한 독자적 견식을 알아보기 위하여 그의 『악서고존』의 전문을 다음에 소개하고자 한다.

육예(六藝)의 학이 진시황 분서(焚書)의 화를 만나 모조리 없어졌는데, 다시 일어난 것은 오경(五經)이요, 다시 일어서지 못한 일경(一經)이 있었으니 『악경』이 곧 그것이다. 그것은 다른 경서 가운데 산견(散見)되지만 오직 「우서(虞書)」의 수 책(策)과 『주례』의 5, 6절(節)이 있을 따름이다.

진한(秦漢)시대에는 추연(趨衍)의 오운학(五運學)이 성대(盛大)하게 일어났고 양적대고[陽翟大賈, 여불위(呂不韋)]가 어엿하게 유종(儒宗)이 되니, 위로는 포악한 진나라의 세력을 끼고 아래로는 쇠퇴한 주(周)나라의 유속(流俗)을 타고 고삐 풀린 것처럼 함부로 달리면서 맘대로 못할 것이 없었으니, 그들의 학설에는 왕도(王道)와 패도(覇道)가 뒤섞였고 옳고 그름이 뒤범벅이 되었다. 한 대에 이르러 새로운 서적을 구하자 느닷없이 성경(聖經)에 들어온 것 가운데는 「월령(月令)」 같은 따위도 있었다.

이에 한 줄기 흐름이 어엿하게 악가(樂家)의 조종(祖宗)이 되어 이리저리 굴러 굳어져 버리니 거기에서 파생된 수많은 단서가 거짓된 것들을 이어받았으나 이를 깨뜨릴 수가 없다.

요즈음 악(樂)을 공부하려는 자들이 고악(古樂)을 배우고자 하면, 「우서(虞書)」나 『주례(周禮)』에 나오는 몇 마디 말이 있기는 하지만 아득하여 전거로 삼을 길이 없다. 금악(今樂)을 배우고자 하면 여람[呂覽, 『여씨춘추(呂氏春秋)』과 한사[漢史, 『사기(史記)』에 수많은 설(說)들이 상세하고 치밀하게 두루 갖추어져 있어 의거할 수 있다. 이에 악(樂)을 논하는 자는 어쩔 수 없이 전자를 버리고 후자를 취하여 자기의 문호를 세운다. 그러나 몸소 추연과 여불위의 자취를 밟으며, 입으로는 「우서(虞書)」·『주례(周禮)』의 서통을 이어받는다 하더라도 위로 선성(先聖)의 바른 학문을 무함(誣陷)하고 아래로는 다가올 세상의 영재(英才)를 기만한다면 잘못이 이만저만이 아닐 것이다. 여러 오류를 조잡하게 엮어 거짓을 꾸며 보존하느니 외롭게 하나의 진실을 표방하여 정말로 없어지는 것을 구제하는 것이 옳지 않겠는가. 비록 그 절목(節目)은 이지러지고 조리가 높고 크다 하더라도 대강(大綱)은 이미 바르게 되어 있고 그 본원은 맑으니, 이로써 수(數)를 재서 고르게 하고 음조를 나누어서 문채를 내고 팔음(八音)으로 하여금 다 가지런하게 하여 서로의 순서를 빼앗지 않게 한다면 저 고악과 금악이 아교와 옻처럼 밀접한 관계가 된다. 진실과 거짓이 칡넝

쿨과 등나무처럼 얽힌 자와는 한 자리에서 함께 의논할 수 없다. 가경(嘉慶) 병자년 봄에 내가 다산 초암(草菴)에 있을 적에, 되돌 아보건대 몸이 마비되고 힘이 꺾여 병고의 굳센 적과 고전(苦戰) 을 면치 못한 때이지만, 고악은 이미 없어지고 선성(先聖)의 도 가 어두워지니 이를 변론하지 않을 수 없었다. 이에 경문(經文) 수조(數條)를 첫머리에 싣고 다음으로는 추연과 여불위의 학에 대하여 간략한 주소를 붙여 이청(李晴)으로 하여금 받아쓰게 하 였으니 이름하여 『악서고존(樂書孤存)』이라 하였는데 모두 12권 이다.

이상과 같은 서문에서 우리는 다산 자신이 이미 풍병(風病)으로 고 전하며 제자 이학래(李鶴來)로 하여금 받아쓰게 할 역경에서도 음악 의 이론을 바로잡기 위하여 이 『악서고존』을 남겼으니 사학(斯學)을 위하여 악론을 체계적으로 밝혀줄 후학을 기다릴 따름이다.

맺는말

이 글을 끝맺고자 함에 있어서 가장 아쉬운 것이 있다면 그것은 다름 아니라 이 모든 분야로 나누어서 문제 삼았던 각양각색의 사상들을 일관하는 한 줄기 체계를 간추려내지 못했다는 점이다.

서두에서 이미 언급했고 그것은 다른 글에서도 충분히 밝힌 바 있듯이 다산학은 수기치인(修己治人)의 인간학으로 규정지을 수 있다. 그러나 그것은 수사학적 선진유학의 본질을 밝힌 것이요, 다산학은 그러한 '수사학'을 모태로 한 학임을 의미할 따름이다. 그러므로 그것은 선진유학의 본질인 동시에 다산학의 본질도 된다는 의미에서는 송학과 대조적인 의미를 가지는 것이 아닐 수 없다.

그러나 우리는 여기서 한 걸음 더 나아간 다산학의 기조를 더 파헤쳐 볼 수는 없을 것일까 하는 문제다. 그것은 어쩌면 다산학의 철학적 기조일는지 모른다. 왜냐하면 '수기치인의 인간학'이라는 표현은 애오라지 윤리학적 테두리를 벗어나지 못했기 때문이다.

다산학의 철학적 기조는 본질적으로 다산학만의 것이 아니어도 좋을는지 모른다. 그것은 중국적인 송학의 그것과는 구별되는 '한국적'인 것이라면 그것은 시대적 배경 하에서는 다산학 자체의 독자성을 인정해도 좋지 않을까 하는 문제가 있다. 그것은 다름 아니라 '하나'에 관한 철학적 기조로서의 문제이다.

'하나'는 '한'으로 집약되는 것으로서 한국적 사유의 기조를 이루는 것으로 이는 '조화'를 의미하기도 하고 때로는 '태일지형(太一之形)'이라는 표현을 빌리기도 한다. 그것은 음양조화(陰陽調和)의 태일지형이기 때문이다.

진정 다산의 모든 사상의 기저에는 분명히 태일지형의 대조화로서 '한'의 사상이 깔려 있지는 않나 하는 문제는 상당히 흥미 있는 문제가 아닐 수 없다. 이는 물론 다산만의 것은 아닐망정 다산학이 지니고 있는 '한국적 사유'의 기본 형태이기 때문이다.

다산이 음양오행설(陰陽五行說)에서 오행설을 배제하고 음양설을 취하되 음양대대(陰陽待對)로서 파악한 것이 아니라 그러한 대대관계를 이원적으로가 아니라 일원적인 태극의 태일지형으로 이해했다는 사실은 그것이 전통적 한국사상의 철학 기조를 이룬다는 사실에서 우리들에게 다산사상 연구를 위하여 많은 문제를 시사해 주는 것이 아닐 수 없다.

여기서 우리는 이 문제에 대하여 보다 더 깊이 문제 삼을 겨를이 없다. 그러나 다산이 비록 그의 학의 연원을 요·순·주공·공자라는 중국고대에서 이끌어 냈다 하더라도 그의 사상적 기저에는 역시 한국적 '한'의 사유형식이 깔려 있다는 사실은 실로 후학들의 흥미 있는 하나의 과제로서 여기에 언급해두지 않을 수 없다.

이 점은 앞으로 다산학 연구의 새로운 숙제의 하나가 될는지 모른다.

발문

이 책을 발행하게 된 것은 <이을호 전서> 초간본이 품절되어 찾는 독자들이 많았고, 전서의 증보와 보완이 있었으면 좋겠다는 여망에 따른 것입니다. 전서가 발행된 이후에도 특히 번역본에 대한 일반 독자의 수요가 많아서 『간양록』을 출간하였으며, 『한글 사서』(한글 중용·대학, 한글 맹자, 한글 논어)는 비영리 출판사 '올재 클래식스'가 고전 읽기 운동의 교재로 보급하였고, 인터넷에서도 공개하고 있습니다. 『한글 논어』는 교수신문에서 '최고의 고전번역'으로 선정되기도 하였습니다.

그간 선친의 학문에 대한 관심의 고조와 함께 생전의 행적을 기리는 몇 가지 사업들이 있었습니다. 서세(逝世) 이듬해에 '건국포장'이 추서되었습니다. 선친께서는 생전에 자신의 항일활동을 군이 내세우려 하지 않으셨기 때문에, 일제강점기에 임시정부를 지원하고 영광만세운동과 관련하여 옥고를 치렀던 일들을 사후에 추증한 것입니다.

향리 영광군에서도 현창사업이 있었습니다. 생애와 업적을 기리는 사적비(事績碑)가 영광읍 우산공원에 세워졌습니다. 그러나 금석(金石)의 기록 또한 바라지 않으신 것을 알기에 영광군에서 주관한 사적비의 건립 역시 조심스러웠습니다.

서세 5주년 때는 '선각자 현암 이을호 선생의 내면세계'를 주제로 한 학술심포지엄이 영광문화원 주최로 영광군에서 열렸습니다. 그의 학문이 "한국의 사상과 역사를 새롭게 연구하고, 우리 문화의 미래적 방향을 제시한 것"이었음이 알려지자, '한국문화원연합회 전남지회'에서는 『현암 이을호』라는 책을 간행하여 여러 곳에 보급하기도 하였습니다. 이후 영광군에서는 전국 도로명주소 전환 사업 시 고택(故宅) 앞 길을 '현암길'로 명명하였습니다.

학계에서는 전남대학교가 '이을호 기념 강의실'을 옛 문리대 건물에 개설하여 그곳에 저서를 전시하고, 동양학을 주제로 하는 강의와 학술모임을 하고 있습니다. 선친의 학문 활동은 일제시대 중앙일간지와 『동양의학』 논문지 등에 기고한 논설들이 그 효시라 할 수 있지만, 그 이후 학문의 천착은 일생 동안 몸담으셨던 전남대학교에서 이루어졌음을 기린 것입니다. 지금은 생전에 많은 정성을 기울이셨던 '호남의 문화와 사상'에 대한 연구도 뿌리를 내리게 되어 '호남학'을 정립하려는 노력들이 활발하게 이루어지고 있습니다. 또한 한국공자학회에서 논문집 『현암 이을호 연구』를 간행하였고, 최근 출간한 윤사순 교수의 『한국유학사』에서 그 학문적 특징을 '한국문화의 새로운 방향을 제시한 업적'으로 평가하였습니다.

이제 하나의 소망이 있다면, 그 학문이 하나의 논리와 체계를 갖춘 '현암학'으로 발전하는 것입니다. 이 출간이 '책을 통하여 그 학문과 삶이 남기'를 소망하셨던 선친의 뜻에 다소나마 보답이 되었으면 합니다. 덧붙여서 이 전집이 간행되기까지 원문의 번역과 교열에 힘써 준 편집위원 제위와 이 책을 출간하여준 한국학술정보(주)에도 사의를 드립니다.

2014년 첫봄
장자 원태 삼가 씀

편집 후기

2000년에 간행된 <이을호 전서>는 선생의 학문과 사상을 체계적으로 이해하도록 편찬하였었다. 따라서 다산의 경학을 출발로, 그 외연으로서 다산학 그리고 실학과 한국 사상을 차례로 하고, 실학적 관점으로 서술된 한국 철학과 국역 『다산사서(茶山四書)』, 『다산학제요』 등을 실었던 것은, 다산학을 중심으로 형성된 한국적 사유의 특징을 이해하도록 한 것이었으며, 그 밖의 『사상의학』과 『생명론』은, 선생이 한때 몸담았던 의학에 관계된 저술이었다.

지금은 초간본이 간행된 지 14년의 세월이 흘러, 젊은 세대들은 원전을 이해하지 못하는 사람들이 늘어나고, 그 논문의 서술방식 또한 많이 바뀌어 가고 있다.

이러한 상황의 변화에 따라 새로운 전집의 간행이 이루어졌으면 하는 의견들이 많아 이번에 <현암 이을호 전서>를 복간하게 된 것이다.

이 책의 편차는 대체적으로 선생의 학문적 흐름을 쉽게 이해할 수 있다는 점에서 이미 간행되었던 <이을호 전서>의 큰 틀은 그대로 유지하면서도 각 책을 따로 독립시켜 각자의 특색이 드러나도록 하였다. 특히 관심을 기울인 것은 원문의 번역과 문장의 교열을 통하여 그 내용을 쉽게 이해할 수 있도록 한 것이다.

그 과정에서 가장 중점을 둔 것은 원문의 국역이었다. 저자는 문장의 서술과정에서 그 논증의 근거를 모두 원문으로 인용하였다. 그러나 이번에 인용문은 모두 국역하고 원문은 각주로 처리하였다. 또한 그 글의 출처와 인명들도 모두 검색하여 부기함으로써 독자들의 이해를 돕도록 한 것이다.

또한 이전의 책은 그 주제에 따라 분책(分冊)하였기 때문에 같은 주제에 해당하는 내용은 모두 한 책으로 엮었으나 이번 새로 간행된 전집은 다채로운 사상들이 모두 그 특색을 나타내도록 분리한 것이다. 이는 사상적 이해뿐 아니라 독자들의 이용에 편의를 제공하고자 하는 뜻도 있다.

또 한 가지는 서세 후에 발견된 여러 글들을 보완하고 추모의 글도 함께 실어서 그 학문세계뿐 아니라 선생에 대한 이해의 폭을 더욱 넓히는 데 참고가 되도록 하였다.

이제 이와 같이 번역·증보·교열된 <현암 이을호 전서>는 선생의 학문이 한국사상연구의 현대적 기반과 앞으로 새롭게 전개될 한국 문화의 미래적 방향을 제시하는 새로운 이정표로서 손색이 없기를 간절히 기대한다.

갑오년(甲午年) 맹춘(孟春)

증보·교열 <현암 이을호 전서> 복간위원회

안진오 오종일 최대우 백은기 류근성 장복동 이향준 조우진
김경훈 박해장 서영이 최영희 정상엽 노평규 이형성 배옥영

『현암 이을호 전서』 27책 개요

1. 『다산경학사상 연구』

처음으로 다산 정약용의 철학을 체계적으로 연구한 저서이다. 공자 사상의 연원을 밝히고 유학의 근본정신이 어디에서 발원하였는가 하는 것을 구명한 내용으로서, 유학의 본령에 접근할 수 있는 지침서이다(신국판 346쪽).

2. 『다산역학 연구 Ⅰ』

3. 『다산역학 연구 Ⅱ』

다산의 역학을 체계적으로 연구한 책으로서 다산이 밝힌 역학의 성립과 발전적 특징을 시대적으로 제시하고 다산이 인용한 모든 내용을 국역하였다(신국판 上, 下 632쪽).

4. 『다산의 생애와 사상』

다산 사상을 그 학문적 특징에 따라서 현대적 감각에 맞도록 정치, 경제, 사회, 문화 등 각 방면의 사상으로 재해석한 책이다(신국판 260쪽).

5. 『다산학 입문』

다산의 시대 배경과 저술의 특징을 밝히고, 다산의 『사서오경(四書五經)』에 대한 해석이 그 이전의 학문, 특히 정주학(程朱學)과 어떻게 다른가 하는 것을 주제별로 서술하여 일표이서(一表: 經世遺表 / 二書: 牧民心書, 欽欽新書)의 정신으로 결실되기까지의 과정을 서술한 책이다(신국판 259쪽).

6. 『다산학 각론』

다산학의 구조와 경학적 특징, 그리고 그 철학 사상이 현대정신과 어떤 연관성이 있는가에 대해 상세하게 논한 저서이다(신국판 691쪽).

7. 『다산학 강의』

다산학의 세계를 목민론, 경학론, 인간론, 정경학(政經學), 『목민심서』 등으로 분류하여 다채롭게 조명하여 설명한 책이다(신국판 274쪽).

8. 『다산학 제요』

『대학(大學)』, 『중용(中庸)』, 『논어(論語)』, 『맹자(孟子)』의 사서(四書)는 물론 『주역』, 『시경』, 『악경』 등 모든 경서에 대한 다산의 이해를 그 특징에 따라 주제별로 해석하고 그에 대한 특징을 서술한 방대한 책이다(신국판 660쪽).

9. 『목민심서』

다산의 『목민심서』를 현대정신에 맞도록 해석하고, 그 가르침을 현대인들이 어떻게 수용하여야 할 것인가 하는 것을 재구성한 책이다(신국판 340쪽).

10. 『한국실학사상 연구』

조선조 실학의 특징을, 실학의 개념, 실학사상에 나타난 경학(經學)에 대한 이해, 조선조 실학사상의 발전에 따른 그 인물과 사상 등의 차례로 서술한 것이다.(신국판 392쪽)

11. 『한사상 총론』

단군 사상에 나타난 '한' 사상을 연구한 것이다. 단군사상으로부터 '한' 사상의 내용과 발전과정을 서술하고, 근대 민족종교의 특성에 나타난 '한'의 정신까지, 민족 사상을 근원적으로 밝힌 책이다(신국판 546쪽).

12. 『한국철학사 총설』

중국의 사상이 아닌 한국의 정신적 특징을 중심으로, 한국철학의 형성과 발전과정을 서술한 것이다. 이 책은 한국의 정신, 특히 조선조 실학사상에 나타난 자주정신을 중심으로 서술한 것으로서 이는 중국의 의식이 아닌 우리의 철학 사상의 특징을 밝혔다(신국판 611쪽).

13. 『개신유학 각론』

조선조 실학자들의 사상적 특징, 즉 윤휴, 박세당, 정약용, 김정희

등의 사상을 서술하고 실학자들의 저서에 대한 해제 등을 모은 책이다(신국판 517쪽).

14. 『한글 중용·대학』

『중용』과 『대학』을 다산의 해석에 따라 국역한 것이며, 그 번역 또한 한글의 해석만으로서 깊은 내용까지 알 수 있도록 완역한 책이다(신국판 148쪽).

15. 『한글 논어』

다산이 주석한 『논어고금주』의 내용을 중심으로 『논어』를 한글화한 책이며 해방 후 가장 잘된 번역서로 선정된바 있다(신국판 264쪽).

16. 『한글 맹자』

『맹자』를 다산의 『맹자요의』에 나타난 주석으로서 한글화하여 번역한 책이다(신국판 357쪽).

17. 『논어고금주 연구』

『여유당전서』에 있는 『논어고금주』의 전체 내용을 모두 국역하고, 그 사상적 특징을 보충 설명한 것이다. 각 원문에 나오는 내용과 용어들을 한(漢)나라로부터 모든 옛 주석에 따라 소개하고 다산 자신의 견해를 모두 국역하여, 『논어』에 대한 사상적 본질을 쉽게 알 수 있도록 정리한 책이다(신국판 665쪽).

18. 『사상의학 원론』

동무(東武) 이제마(李濟馬, 1838~1900)가 쓴 『동의수세보원』의 원문과 번역, 그리고 그 사상에 대한 본의를 밝힌 것으로서 『동의수세보원』의 번역과 그 내용을 원론적으로 서술한 책이다(신국판 548쪽).

19. 『의학론』

저자가 경성약학전문학교를 졸업한 후 당시의 질병과 그 처방에 대한 자신의 견해를 밝힌 의학에 대한 서술이다(신국판 261쪽).

20. 『생명론』

저자가 만년에 우주에 대한 사색을 통하여 모든 생명의 근원이 하나의 유기체적 관계로서 형성되고 소멸된다는 사상을 밝힌 수상록이다(신국판 207쪽).

21. 『한국문화의 인식』

한국의 전통문화에 나타난 특징들을 각 주제에 따라서 선정하고 그것들이 지니는 의미를 서술하였으며 또한, 우리 문화를 서술한 문헌들에 대한 해제를 곁들인 책이다(신국판 435쪽).

22. 『한국전통문화와 호남』

호남에 나타난 여러 가지 특징들을 지리 풍속 의식과 저술들을 주제별로 논한 것이다(신국판 415쪽).

23. 『국역 간양록』

정유재란 때 왜군에게 포로로 잡혀갔다가 그들의 스승이 되어 일본의 근대 문화를 열게 한 강항(姜沆)의 저서 『간양록』을 번역한 것이다(신국판 217쪽).

24. 『다산학 소론과 비평』

다산의 사상을 논한 내용으로서, 논문이 아닌 조그마한 주제들로서 서술한 내용과 그 밖의 평론들을 모은 책이다(신국판 341쪽).

25. 『현암 수상록』

저자가 일생 동안 여러 일간지 및 잡지에 발표한 수상문을 가려 모은 것이다(신국판 427쪽).

26. 『인간 이을호』

저자에 대한 인품과 그 학문을 다른 사람들이 소개하여 여러 책에 실린 글들을 모은 책이다(신국판 354쪽).

27. 『현암 이을호 연구』

현암 이을호 탄생 100주년을 기념하는 논문집으로서 그 학문과 사상을 종합적으로 연구하고 그 업적이 앞으로 한국사상을 연구하는 기반을 닦았다는 것을 밝힌 책이다(신국판 579쪽).

현암 이을호 전서 4
다산의 생애와 사상

초판인쇄 2015년 6월 19일
초판발행 2015년 6월 19일

지은이 이을호
펴낸이 채종준
펴낸곳 한국학술정보㈜
주소 경기도 파주시 회동길 230(문발동)
전화 031) 908-3181(대표)
팩스 031) 908-3189
홈페이지 http://ebook.kstudy.com
전자우편 출판사업부 publish@kstudy.com
등록 제일산-115호(2000. 6. 19)

ISBN 978-89-268-6873-7 94150
      978-89-268-6865-2 94150(전27권)